华章经管

HZBOOKS | Economics Finance Business & Management

陈春花管理经典

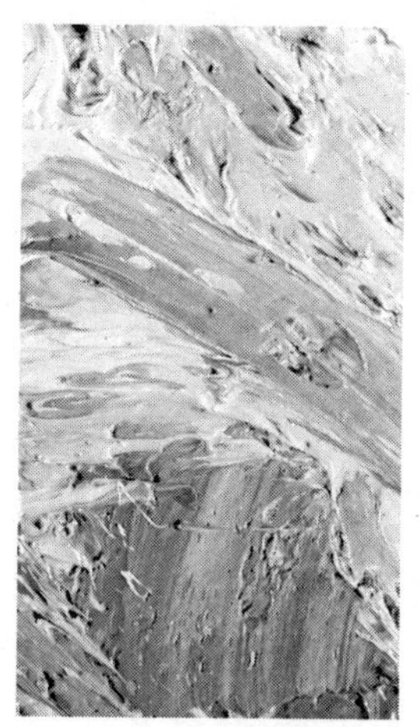

成为价值型企业

Become a Value Type Enterprise

陈春花◎著

机械工业出版社
China Machine Press

图书在版编目（CIP）数据

成为价值型企业 / 陈春花著．—北京：机械工业出版社，2016.9
（陈春花管理经典）

ISBN 978-7-111-54777-8

I. 成…　II. 陈…　III. 企业管理－研究－中国　IV. F279.23

中国版本图书馆 CIP 数据核字（2016）第 204890 号

成为价值型企业

出版发行：机械工业出版社（北京市西城区百万庄大街 22 号　邮政编码：100037）

责任编辑：程　琨　　责任校对：殷　虹

印　　刷：北京瑞德印刷有限公司　　版　　次：2016 年 9 月第 1 版第 1 次印刷

开　　本：170mm×242mm　1/16　　印　　张：12.25

书　　号：ISBN 978-7-111-54777-8　　定　　价：45.00 元

凡购本书，如有缺页、倒页、脱页，由本社发行部调换

客服热线：（010）68995261　88361066　　投稿热线：（010）88379007

购书热线：（010）68326294　88379649　68995259　　读者信箱：hzjg@hzbook.com

CONTENTS

目　录

FOREWORD

总　序

比使命更重要的是行动

最近，管理学一级期刊 *Academy of Management Journal*（AMJ）的许多编辑发表了一篇号召研究学者提出更多适合东方情境的管理理论及构念的文章。这篇文章回顾了近几十年发表的管理学文章在理论创新及贡献上的不足以及对西方理论过度偏重的情况，分析了东方与西方社会在管理情境上的一些不同之处，呼吁更多产生于东方式独特管理情境、能够解决社会实际突出问题的创新性理论及构念。

自己在管理学研究领域已经走过了20多年，其实AMJ编辑关注的话题，也是我一直关注的话题，我总是感觉中国管理研究没有如中国企业实践那样做出自己应有的贡献，中国管理研究学者也没有如中国企业家那样勇于拿出自己的观点以及创造出自己的价值。

在我自己的认知里，管理研究贡献价值需要三个条件：一是企业实践的优秀案例；二是对重大规律性问题的认识；三是人文关怀。这三个条件在过去30多年中国改革开放的实践中，已经显现出来，或者可以说中国管理研究贡献价值的基本条件已经具备，但是为什么中国管理研究本身却没有同步创造价值呢？有人认为是语境的问题，有人认为是研究范式的问题，这些也许是问题，但是我觉得其核心问题是中国管理领域“知”与“行”脱节的问题。

最有意思的现象是，管理学者研究的话题只是去满足西方管理期刊的要求，并不理会现实的中国企业所面对的困难与挑战。企业家与经理人回到商学院读书，更重要的目的是结识人际网络与构建新的商业机会，甚至一些成功的企业家在公众传播中直接表明观点，认为经济学家、商学院教授没有用。我不想去评价谁对谁错，客观存在的现实是，管理学者的研究与企业家的实践之间有着一个巨大的鸿沟，管理学研究成果企业家并不去在意，企业家青睐的期刊和书籍，管理学者也不屑一顾，这种现象本身就可以说明问题。

德鲁克精辟地阐述了管理的本质：“管理是一种实践，其本质不在于知，而在于行；其验证不在于逻辑，而在于成果；其唯一的权威性就是成就。”管理经典正是源自于对管理实践的关注与洞察，并通过与实践的互动来引领实践，此即管理经典的实践性。基于这一特征，这些经典的研究成果在两个关键方面为我们的管理实践和管理研究贡献了价值：问题的框定与复杂问题的简单化。我们始终可以受益于那些引领管理实践变化并创造出无数价值的经典研究成果：泰勒的科学管理原理解决了劳动效率最大化的问题，韦伯的行政组织与法约尔的管理原则解决了组织效率最大化的问题，赫茨伯格的双因素理论解决了激励与满足感之间的关系问题，波特的竞争战略解决了如何获得企业竞争优势的问题，德鲁克让我们了解到知识员工的问题。这些经久的研究，正是基于对管理实践中重大问题的提炼，与西方企业有效的互动，带动了西方管理实践的高速发展，并引领了世界管理的方向。

如果我们所有人可以回到最基本的问题上思考，可能所有的问题都变得很简单。从这个意义上讲，在近百年的管理实践中，不管外界环境如何变迁，科学技术生产力如何发展，管理大师在那些经典研究成果中所提出来的管理问题依然存在，他们所总结的管理经验依然有益，他们所研究的管理逻辑依然普遍，他们所创造的管理方法依然有效。这一切首先基于这些研究都是面向管理实践的，其实践性的本质决定了这些研究对管理实践活动的深刻洞察和归纳提炼，从而推动实践成效的提升。因此，实践性正是这些经典管理研究成果的价值贡献的首要内涵。

管理一定是来源于实践的，没有管理实践的成效，我们无法真正获得管理经验的总结和理论。因此，中国管理学领域的学者需要从事更多的启蒙工作、学习的工作，把西方的管理理论传送到中国企业的管理实践。

无论是管理实践还是管理研究，很多人非常努力地在尝试着新的管理理论。20 世纪 40 年代，人际关系训练被看作是组织成功的关键；50 年代，德鲁克提出的目标管理理论又被视为解决管理问题的新方法；进入 70 年代，我们看到了企业战略；90 年代，随着电子信息技术的进步，更多的新方法层出不穷。当进入 21 世纪的时候，我们认为管理创新理论引领变化。其实这些都是非常重要的，因为对于中国企业来讲，所有的管理理论和方法都是需要面对和接受的。但是，我们往往无奈地发现中国企业活得很苦，因为付出非常多却没能得到相应的回报。这其中的根本问题就是管理的基本到底是什么？我们的管理发挥了什么作用？当我们对管理的基本理解不够的时候，后面所有的东西都是没有价值的。

管理的目的是为了提升效率，这是德鲁克和我们的共识。也就是说，管理从根本意义上是解决效率的问题。那么，我们的效率从哪里来？管理的逻辑如何？这是我们今天遇到的问题。从管理演变的历史来看，管理演变的第一个阶段是科学管理阶段，代表人物是泰勒，这个阶段所解决的问题就是如何使劳动效率最大化；管理演变的第二个阶段是行政组织管理阶段，代表人物是韦伯和法约尔，这个阶段解决的问题就是如何使组织效率最大化；管理演变的第三个阶段是人力资源管理阶段，包括人际关系理论和人力资源理论，这个阶段解决的问题就是如何使个人效率最大化。因此，如果对管理所谈的效率做细致的划分，就是劳动效率、组织效率和个人效率。先解决劳动效率，然后解决组织效率和个人效率，当顺序颠倒时我们会发现管理无效。因为个人效率需要支付条件，而支付条件是需要组织给出的，如果没有劳动生产力的产出就不可能有组织效率，没有组织效率就不可能有个人效率。

选择泰勒、法约尔、福列特的经典研究成果，是因为我们对管理理论研究的一个认识：管理理论研究的命题来源于对重大实践问题的认识。泰勒正是认识到提高工人劳动生产率是极其重大的问题，才有了以分工理论为核心的科学管理理论。法约尔正是关注到组织效率的问题，才有了一般管理的 5 个要素和 14 条原则。福列特则是前瞻性地关注到了科学管理中被忽视的人性因素的相关问题，通过在企业管理咨询的实践中对现实进行细致的观察和研究，从而在发挥个人效率的问题上为我们提供了启示。回顾这些管理经典时我们发现，管理大师回答了对管理的最基本理解：效率。正是这样的理论研究，推动了西方近现代的高速发展。

做了一个管理理论演变的梳理和回顾，只是想说明“知”与“行”之间是完全合一的，如果无法做到这一点，只能是知与行未做到位。只能说管理学者对实践的问题并未观察到位，只能说明立志于从事管理研究的学生与学者，没有要求自己成为一个时代问题的密切观察者，没有让自己融入社会实践中，没有走到企业中去，没有亲身经历一些组织的变革与挑战，所以无法发现问题、无法贡献有价值的研究。

中国传统哲学，一直在讨论“无为”与“有为”的问题，古人有言“天下同归而殊途，一致而百虑”，老子说“无为而治”，《金刚经》说“圣贤皆以无为法而有差别”。你会发现，哪怕是谈论“无为”，也是为了“有为”。

儒家的思想是把欲望控制在一定范围之内，孔子因此删诗书、定礼乐。在孔子生活的时代，各诸侯国之间不断打仗，根本没有一个安定的环境，但是对于文化而言，如果没有安定的社会基础是很难保存的。因此，孔子为了保存宝贵的文化遗产，删诗书、定礼乐，教书授徒。

孔子有七十二贤人，三千弟子，这些弟子后来都成了文化的主将，为中华文化的发展做出了巨大的贡献。孔子删诗书、定礼乐，就能保存文化了吗？我想是的，因为诗书礼乐是文化的形式，如果没有一定的形式，任何一个事物也难以保存。汉代班固《汉书·艺文志》上说“六艺之文，乐以和神，仁之表也；诗以正言，义之用也；礼以明体，明者著见，故无训也。书以广听，知之术也；春秋以断事，信之符也”。因此，孔子在战事纷纷的年代要保存一些规范，从而达到延续文化的目的。

但是，规范只是形式而已，它不是文化的精义所在，重要的是在于对规范目的的体认。倘若没有体认到规范的目的，规范则会变成累赘和负担，且会限制人们。可以说，对目的的体认要通过规范，但不能限于规范。这也是孔子的目的所在。因此，孔子提出“仁义礼智信”“温良恭俭让”“忠孝仁义”，这些都是规范，也可以说是教条。

孔子并不像宋儒以及后世所刻画的那样死板，他的生活是充满欢乐和幽默的。这一点，如果贯通起来看，而不是读格言似的，读一下《论语》就能体会得到。孔子说“吾道一以贯之”，这个“一”就是他的目的。倘若明白了它，则会觉得规范不是呆板的，而是活动的，又是“不逾矩”的，所谓“自然而然”地合于“道”。可惜，后世往往把规范看得最高，也看成是最终的。这让我联想到一些研究论文，几乎都是符合规范却没有意义和价值。

因此，把对规范“度”的把握放在第二位，正是孔子所说的“智者过之，愚者不及”而“过犹不及”的错误，把“仁义道德”变成了一种枷锁，导致了人们的唾弃，以致出现了“五四”时期对传统文化的冲击。这个错误不在孔子，而应在于后世对孔子思想的曲解。我觉得，很有必要重新审视一下传统文化，挖掘出传统文化的精义所在。从某种意义上来说，把欲望控制在一定范围内，也即规范的存在是非常重要的，只是我们要怎样理解的问题。

道家讲“清静无为”，不理会欲望。为什么？因为人总在追求之中，倘若因此而不断奔波，则永不能“清静”，因此，道家要求人们“虚无”，把欲望淡漠，不去管它，从而达到“清静无染”。应该说，这也是儒家的目的。但是，倘若青年之初就讲“清静无为”，很容易导致散乱，一切都不在乎。真正的道家是“无为而无不为”的，这个“无为”不是什么事都不干，而是能认清时代的潮流，从而能“无不为”。因此，道家的目的是好的，但必须从扎实的规范做起。

佛家要求认清欲望的面目，从而“止于所当止，发于所当发”，也就是不但对规范要认清，对它的目的也要认清，从而能够正确、合理地处理一些事情。但是，倘若认不清呢？只有从规范做起。

因此，可以说规范是初步的必经之路，故而圣人都提出所谓的“戒律”。只是我们不能体会到戒律的目的而执着于戒律了，或对它认识不够而废弃了戒律，从而导致了一些弊病。

正如班固所说“及刻者为之，则无教化，去仁爱，专任刑法而欲以致治，至于残害至亲，伤恩薄厚”，西方社会就有这种倾向。因此，“度”的把握非常重要。最好是能够知道什么时候该怎么办，但这很难。正如释家所说，“因人施教”，首先要自己眼光正确，能指出别人或社会的弊端，并能提出解决的办法。

在治世方面，儒、道两家的思想比较突出。儒家是“一以贯之”，也就是一种“傲骨”。不论在什么情况下，社会安定也好，混乱也好，总希望尽自己的心力拯救社会，“救世济人”，所以国破家亡时往往有儒家的忠臣出现。孔子就是“知其不可为而为之”的例子，这是儒家的观点。道家的思想则主要在乱世时方能显示，我们看历史也会发现，每当社会安定了，儒家思想必定被重新召起，因为这是社会安定治理的必由之路，而到了乱世，道家思想则占上风。道家思想善于把握关键，能把时代的洪流疏导，在洪流的下游挖一些渠道，从而能比较容易地处治它，事半功倍，“无为而无不为”，这是一种好办法。但这洪流冲击力的大小，我们怎样判断呢？也就是我们怎样决断我们用什么方法呢？这不仅需要多读历史书，因历史有重演的味道，孔子也说“温故而知新”，还要善于观察社会，从而达到“因人施教”，事半功倍。

知行合一不仅是一种理想，更应该是一种行动习惯，无论是我们的先贤，还是近现代西方管理大师，他们的贡献可以引领我们去完成属于我们的时代使命，而比使命更重要的是行动。

西方发达国家的实践所总结出的管理理论，启蒙了包括我在内的中国企业经营者与管理研究学者，我们花了整整20年引进、学习与消化，同时运用到中国企业管理实践中。正是这20年学习的努力，终于在今天，中国领先企业站到了世界舞台上，并逐步成为全球领先者，伴随而来的，就是中国管理研究领域，也会有机会站在世界舞台上，并成为引领者。

“每一代人都需要新的革命。”托马斯・杰斐逊留下了这样的遗嘱，它令一代又一代不同国籍与文化背景的人激动。对于我而言，正是这个时代，赋予一个中国企业蓬勃发展的机遇，整整一代中国企业家与中国企业的崛起与发展，让全世界各地的人看到一个生机勃勃、日益强大的中国。当我可以置身于这鲜活之中，中国企业以及企业家所尝试、探索、学习以及创新的实践，充盈了每个研究的话题，预示着可能出现的崭新理论，投身其中，让我有着取之不尽的源泉。所以从我踏入管理学研究领域那一天开始，整整20年的见证，让我能够一次又一次地去寻找属于中国领先企业的研究价值，才有了这些作品呈现给大家。

感谢机械工业出版社及华章公司，感谢前总经理周中华、副总经理王磊、前副总经理张渝涓女士10年来的一贯支持；感谢我的策划编辑袁璐先生细致而又全面的帮助，在我写作过程中经常与我讨论和交流；感谢程琨编辑极为仔细、认真地为丛书的每本书校对；感谢在过去20多年的时间里，愿意与我一起深入研究的那些领先的中国企业、企业家及团队成员，如新希望、美的、TCL、华为、广东威创、创维、南方航空、星光集团等，他们的成长时间以及持续的发展，让我得以在实践的第一线真切理解和感受；感谢一直陪伴着我的研究伙伴，如曹洲涛、乐国林、赵海然、刘祯、宋一晓、马胜辉、陈鸿志等；感谢引领我的两位导师苏东水教授、赵曙明教授，正是你们的引领与陪伴，我才可以坚持做下去；感谢我所遇到的所有学生，你们的实践、疑惑以及勇气给了我驱动力量；感谢华南理工大学、新加坡国立大学、北京大学三所大学给了我滋养的支持；最后感谢我的家人，他们一直默默地支持，才会让我毫无顾虑地去做各种尝试。

感恩在我从教30周年的日子里，机械工业出版社及华章公司帮助我整理和出版了这套丛书，虽然这不是我过去30年所研究和写作的全部，但是已经是我渴望付出价值的最重要的部分。当这套丛书出版后，我知道，自己依然会伴随着中国企业的成长，继续我的成长与追求。

在这代人的记忆中，这个时代意味着一个单纯与乐观的年代，也是一个创新与超越的时代，新事物蜂拥而来，任何尝试都可能获得某种成功。商业和企业的成长对中国的重要意义并非在于它摧毁了一个旧传统，而在于它在建立一个新世界；实践与理论的贡献对中国的重要意义不仅仅是总结出自己的理论，更是管理提升与人类进步的新组成部分。如果说由荆棘丛生的荒原构成的中国商业世界，更需要雄心勃勃的梦想者与开拓者，那么已经站在世界舞台上的中国企业实践，更需要肩负使命的行动者与创造者。

陈春花

2016年8月9日于北京

PREFACE

序

飞越自己

当我决定为中国改革开放30年写一点儿东西的时候，我没料到自己会陷得如此之深。几乎每个晚上，我都被所记录的企业拽入深思，每次思考都焕发出振奋，每串数据都引发无限的想象。这是一个充满诗意的年代，中国用30年的时间，缔造了一个撼动世界的神奇。当我试图来理解它的时候，才发觉这是一个关乎成长的最内核的思想，这30年教会我们辨别出事物最内部的秘密，以及隐含在它之中的规律，更重要的是我们真的成长起来了。

时间刚好来到了2007年年底，在这个时间里，更多的企业开始思考2008年应该做什么，或者更长远一些的判断该如何。这同样是我想做的事，毕竟不管我们多么兴奋和骄傲，未来才是最重要的。

劳伦·斯莱斯格所著的《思想的未来》这本书让我们知道在互联网的环境下，每种未来都是可能的。同时，他更强调“我们完全可以预见到我们已选择的未来”“如果我们不对产生创造与创新能力的源泉有更清楚的认识并加以保护的话，互联网就会改变”。因此，正是对于未来的想象和认识，促成了从人类文明自工业革命以来最伟大的技术革命，正是这种对未来的把握带来了一个不同于过去的充满创造力的世界。

那么，在中国改革开放30年之际，我们该如何理解未来？

想到禅：

学僧道岫下功夫修持，却不能契悟，于是失望地向师父广圄禅师辞行。

“为什么没有觉悟就要走呢？难道到别处就可以觉悟吗？”广圄禅师惊讶地问道。

“我每天除了吃饭睡觉，都在用功修持，却连禅的影子都没有看到，反观同参的道友们却都一个个日有进益。我想我还是做个苦行僧好些。”道岫诚恳地说。

“悟是一种本性的流露，根本无法形容，也无法教给别人，更是学不来也急不得的。别人有别人的境界，你修你的禅道，为什么要混为一谈呢？”广圄禅师说。

“唉，我跟师兄们比，就像小麻雀跟大鹏鸟相比一样啊！”道岫感慨地说。

“怎么样的大？怎么样的小？”广圄禅师装着不解。

“大鹏鸟振翅疾飞数百里，而小麻雀不过低空盘旋几丈[1]而已。”道岫答道。

“大鹏鸟虽能振翅疾飞数百里，可它已经飞越生死了吗？”广圄禅师问得意味深长。

的确，大鹏鸟和小麻雀虽有形体大小、飞翔快慢之分，但是它们在虚空中奋飞的时候，有谁又飞越了虚空呢？关键是超越自身。

雅斯贝尔斯认为，人的本质是一个在实践中发展的过程，他说：“人的本质不是不变的，而是一个过程；人不仅是现存的生命，在其发展的过程中，他

[1] 1丈＝3.3̇米。

还有意志的自由，能够主宰自己的行动，这使他有可能按照自己的愿望塑造自身。”因此，雅斯贝尔斯得出结论：人必须超越自身。企业正如人一样，从本质上讲是一个发展的过程，就是一种可能性，正因为它是一种可能性，所以它有无限的可能性。同样的结论是：企业必须超越自身，犹如大鹏鸟和小麻雀一般，不是两者的差距，而是自身的认知和超越。

飞越自己的想法贯通了这本书，同样也是超越我自己的历程。我们非常幸运地生活在这样一个创造了神话的年代，可以目睹中国企业成长的30年；更幸运的是，我们可以确信：中国企业未来成长的历程，不会停留在当下的辉煌，而是不断地追求超越，超越使瞬间达到永恒的过程。

PREFACE

前　言

吾十有五而志于学，三十而立，四十而不惑，五十而知天命，六十而耳顺，七十而从心所欲，不逾矩。

——孔子

人类从来没有面对过今天这样重大的问题，无论是哪个人都在承受着越来越大的心理压力和生活压力，犹如加速度运行的高空落体。当世界呈现在你面前的时候，你发觉你没有了方舟，你所拥有的单方面的知识不足以负载一个沉重的使命。变革的热情如此焦灼地冲击着每个人，成功的渴望如此巨大地压迫着每个人，但是当我们把自己置身于变革的大潮中的时候，当我们把自己和时代的成功联结在一起的时候，热情和渴望只能变换成强烈的危机感。

由于历史认识的发展不仅逐渐控制了时间，把我们的时代置于继续了几千年的进步的中心，而且由于国际关系的扩大、信息和大众传播工具的发展，我们的精神已逐渐趋于“思考世界的问题”。而这个问题，今天已经产生了较为普遍的认识，一种超越地域、政治、语言、经济、军事对立的概念已经明确起来，我们理解到，我们的未来完全依存于这个概念。

1978 年的中国，掌握了这个概念及其性质、将会带来的后果、其产生的根源以及为了实现这个概念所必须的改革。从 1978 年开始，中国的时代是不同寻常的。观念的革命迅速而又深刻地改变着人们的生活和生存方式。人们迫切地感到，必须严肃认真地对待一个富有挑战性、千变万化的时代，也正是从这个年代开始，中华民族开始了自己悠久历史中又一次真正的复兴。

这是一场始于经济的变革，带来的变革却不止于经济；这是一场始于中国内部的变革，带来的变革却不止于中国。在这个过程中，中国不失时机地成功提出了“建设有中国特色社会主义市场经济”这样一个命题。走到今天，正是由于坚持了中国特色，我们才没有把西方的市场经济理念完全拿到中国来，我们才能在 30 年间取得高速高效的持续发展；正是由于坚持了中国特色，我们把中国嵌入了世界经济体系中，中国企业的崛起是全球化的历史必然。

30 年前，人们还在观望中国的变革；到了今天，不管人们如何评价、判断、分析中国的变革，我们自己还是要有清醒的认识。

马克斯·韦伯在其《新教伦理与资本主义精神》一书中认为，一个社会的伦理道德是既定的；任何一种类型的经济，如果它要求人们形成一种与该伦理道德相悖的民族精神，那么这种经济将不会发展；反之，如果一种经济与这种伦理道德互相促进，那么它必然兴盛起来。韦伯以此观点来考察世界宗教。关于儒教，他认为：儒教是出于理性的，儒教的理性主义试图在一种理性的方式中使自身去适应世界；儒教信奉者的这种思想方式，正是阻碍中国近代资本主义兴起的一个主要因素。

但是韦伯依然承认：“中国人很可能有很强的能力（这种能力如果不比日本人更强，也会和日本人相当）吸引在近代文化领域中技术和经济非常发达的资本主义。”韦伯的观点有它的局限性，但亦为我们提供了一个新的角度来看待中国 30 年的变化。

从 20 世纪 80 年代开始，一直在国际事务中占主导地位的冷战体系，开始被一个崭新的全球化的体系所替代，在世界范围内，迅速发展的自由市场使得世界各地的人们得以实现各自的愿望；正如梅里尔林奇认为的：当技术很可能不受限制地被利用时，所产生的能量不仅会在地理上将边界障碍消除，而且还会将人类本身的差异去掉。今天的全球化时代建立在依靠通信成本下降的基础上——由于芯片、卫星、光导纤维、互联网的发明，导致今天的世界能比以往更紧密地结合在一起。这些技术意味着发展中国家只能向西方国家出售它们的原材料，再进口西方国家的制成品，同时也意味着发展中国家能成为高水平的生产者。这些通信技术使得企业能够将其产品的不同部件的生产本地化，在不同的国家研究和出售，同时依然可以通过计算机和电话会议紧紧将它们捆绑在一起，就如在同一个工厂生产制造一样。计算机和廉价电信的结合使人们可以在全球范围内进行贸易，根据《经济学人》的资料，1930 年，从纽约打 3 分钟电话到伦敦，费用是 300 美元，而今天，通过互联网，几乎是一分钱都不用。

托马斯·弗里德曼说：正是 20 世纪 80 年代后期的信息革命接踵而至，才有可能让如此多的人按全球化观点行事，在全球自由通信、全球旅行、全球贸易中使全球化力量进入了一个鼎盛时期。

我们就是在这样的格局下开始了我们的变革，如果像韦伯所判断的那样，那么中国就是理性地选择了让自身适应世界的方向。1978 年，中国共产党的十一届三中全会，中国选择了“改革开放”的大略，开始用理性的眼界和观点来审视中国自身的状况、中国和世界的关系，以及自身的发展和全球化之间的关系。

1980 年年初，中国面临的第一个转折点——实行市场改革及对外开放政策。该举措促进了中国工业化进程并刺激了经济增长。

温州和中国的很多地方一样，从 20 世纪 50 年代后期开始实行公社制和“以粮为纲”的政策，这是全国农村基本一致的历史事实。温州地处沿海，人口密集，人多地少；温州是侨乡，没有办工业的传统，也不靠近任何一个工业城市。在“文革”期间，大量外流的人口分布在全国各地，起初是卖工卖艺，并偷偷地按照他们经商的传统本领在地区间进行贩运。1984 年，改革的政策承认了长途贩运的合法性，这一大批流动的人摇身一变成了一支公开的流通大军，在国内开辟了大市场。而后，这支流通大军回乡来分别开办家庭工厂，制造小商品以供应已开辟的市场，在短短的两年里，温州就出现了有名的十大小商品市场，这就是中国最有影响的“温州模式”。

这期间，也就是 1992 年，我到东莞厚街镇挂职，邓小平南方谈话后的东莞，呈现出一片生机盎然，“要致富，先修路”的投入让东莞成为内地的香港和台湾，甚至日本企业的产业转移地。在观察了整个珠江三角洲之后，我们会发现从东莞到中山、顺德、南海，这被人们称为“中国四小龙”的发展，带动的是整个制造产业的腾飞，我们开始看到中国制造的家用电器、世界品牌的鞋子和服装。东莞人就曾经自豪地告诉我：你在世界上任何一个地方看到的产品，在东莞都可以找到。

供给的相对富足，是中国第一期工业化的成果。1999 年，中国首次面临如何向消费者营销其工业品的问题，需求增长不足首次出现在政策声明中。中国正式告别了所谓的供应短缺型经济。

2000 年年初，中国经济逐渐步入了第二期工业化进程。无论中国实行的政策是否与时俱进，产业升级都已经如火如荼地展开：向价值链的高端移动，技术升级，聚焦于地区发展，经济和产业结构更加合理化，注重改善经济制度和政治体系。

2004 年 3 月 26 日，联想集团在北京与国际奥委会签署合作协议，正式成为第六期国际奥委会全球合作伙伴，这是奥运历史上中国企业首次获得此项资格。作为国际奥委会全球合作伙伴，联想集团将在接下来的 4 年内，为 2006 年都灵冬季奥运会和 2008 年北京奥运会以及世界 200 多个国家和地区的奥委会及奥运代表团独家提供台式电脑、笔记本电脑、服务器、打印机等计算技术设备，同时还提供资金和技术上的支持。宝钢集团实施国际化经营，形成了由近 20 个海外和国内贸易公司组成的全球营销网络；与巴西淡水河谷公司（CVRD）、澳大利亚力拓集团下的哈默斯利公司在海外的合资企业已正式运营。海尔几乎占领了美国小冰箱和酒冻柜的一半市场，并且在南加利福尼亚州办厂。华为技术的出口额已达自身营业额的 50%，并且和 3Com、微软、高通、松下等公司结盟。美的则在小家电、空调、微波炉等产品领域成为世界的领先者。

上述历程，可以视为过去30年中国商业的阶段性总结。

中国企业的未来在哪儿？下一个发展机会是什么？

2008年中国改革开放30周年，起初我想写些纪念性的文字，但是当我整理思路、不断思考这30年的价值时，我发现成长才是更重要的，而且最好的纪念就是更好地前行。所以，从后面的章节中读者可以了解到：这本书既不是关于30年中国企业的总结，也不是关于30年后中国企业的判断，它依然承袭我一贯对中国企业的研究，寻找有效的因素提升中国企业的持续发展能力。在我的《领先之道》㊀这本书里，我和研究团队从行业先锋企业中获得了中国本土企业的领先模型，我开始尝试到具体的企业中去实践这个模型，当更多的行业先锋企业成长起来的时候，我把自己的立足点回归到大多数中国企业自身成长所必须面对的问题，在《超越竞争》㊁一书中，我提出了在新的经营时代中国企业如何寻找到适合的经营模式的思考。随着研究的深入以及企业具体实践的深入，我发现，在今天的商业环境中，成为行业先锋的企业以及转型成功的企业都必须面对持续成长的选择，正如30年来的中国一样，当经济发展到这个阶段时，如何持续成长成为根本性的问题。在这个时候，我知道自己需要做的就是寻找中国企业成长的方向。

本书的诞生，源于我试图回忆中国改革开放30年来的企业成就，结果发现改革开放以来的中国市场本身已经变成了最国际化的市场，这30年已经使中国成为世界上不同国家主要厂商从事竞争的主战场。而中国企业站在30年后的今天，更应该思考如何利用本国市场去获取商业价值最大化。中国不仅是中国企业的本土市场，也是可以孕育、培养中国企业在国外市场竞争核心能力的场地，或者说是一个了解全球竞争对手的试验场。

㊀㊁ 此书已由机械工业出版社出版。

因此，过去30年中学到的经验教训不一定能应用于未来的30年，本书包括四个部分，第一部分价值模型的提出，力图概括30年来中国企业的发展过程，在这个发展过程中了解中国企业是在一个什么样的经济环境中成长起来的，得以成长的价值判断又是什么；在此基础上，构建价值型企业的模型，描述价值型企业的共性特征和核心能力。第二部分提出价值战略的方向，提出价值战略思维的三个基本维度：价值增长、突破边界、回归终端。第三部分探讨如何完成价值实现，明确必须在中国本土市场领先，融合新的驱动要素，重塑新的管理。第四部分是如何实现价值持续，探讨真正具有全球化的企业所具备的现实条件和文化基础。事实上，本书只有第1章和30年的总结相关，之后的章节最终只与一件事有关：在即将到来的未来面前，中国企业如何成长为价值型企业，如何获取商业价值最大化——不管你的企业业绩如何，你都可以让你的企业成为价值型企业。

写在价值诞生

法国总统尼古拉·萨科齐上任半年旋即访华，打破了自法国与中国建交40年来，法国总统上任两年才访华的纪录。是什么动机与因素让萨科齐有如此举动呢？德国议会对德国总理安哥拉·默克尔的批评道出了玄机："120亿欧元的订单被法国人抢去了！"

2007年，中国的GDP超过德国，成为世界第三大经济体；国际货币基金组织（IMF）在《世界经济展望》报告中预测中国2007年将首次超越美国，成为对拉动全球经济增长贡献最大的国家。正是这30年，中国成为当今世界最重要的商业大国，已是不争的事实。

正是中国经济的增长，让中国企业有机会了解和认识世界，也让中国企业有基础审视成长的路径和未来的选择，遵循价值增长成为了可能。

每一种生物体，每一秒钟都在致力于追求改善其处境的可能性。

——卡尔·波普尔

01 第1章 撬动世界的中国价值

从来没有一段历史是按照人们预想中的路线一丝不苟地进行的；更多的情况是，一条又一条的岔路总是在最意外的时刻出现，它们让人们的智慧运用能力和面对压力的承受能力总是面临着极限挑战。

1978 年当中国决定改革开放的时候，世人并没有完全认同。到今天，在这经历了社会巨大变革和发展的 30 年中，随着中国经济的不断发展，中国国力的不断强大，中国的国际地位和影响力也在不断提升，中国文化和中华民族的传统正日益光大。事实和数据证明，中国正在步入前所未有的发展时期，中国经济体系发生了深刻的变化，从“计划型”经济彻底转向了“市场型”经济。中国确实进步了，人们的经济状况确实改善了，生活水平确实提高了，确实有了更多的自由和选择。说到底，这是中国经济整体增长的结果，是中国改革开放的结果。

30 年中国经济发展

中国改革的起点几乎不存在私有经济，然而，创造竞争性市场的主要内容是发展私有经济。在市场化的初级阶段，不触及国有制企业的所有制制度反映着中国渐进式改革的特点。中国国有经济比重大，在企业中就业人口多（直至 1980 年城镇国有经济单位就业人口仍达 8019 万，占当年城镇就业人口总数的 76.2%)。国家财政主要依赖于公有制特别是国有制的提供(直至 1986 ~ 1990 年,财政的 72.8% 还要由国有制提供)。因此,中国市场化改革只能是在保留现有公有制特别是国有制企业的前提下,通过发展非公有制经济的途径来推进市场经济。

中国经济转型的另外一个重要特点是,非国有制企业比重上升,国有制企业比重下降。国有经济在 GDP(国内生产总值)中的比重由 1978 年的 55.7% 降低到 1997 年的 41.9%;在工业总产值中的比重由 1978 年的 77.6% 下降到 1997 年的 26.5%。各种经济成分对经济增长的贡献比较说明,中国保持较高增长率并有较高市场化程度的主要原因在于发展多种所有制经济。中国经济保持较高的增长率,其主要的推动力在于非公有制经济的发展。

这些非公有制经济之所以能够得到如此迅速的发展,有赖于国家提供了宽松的政策环境,未被计划经济动用的资源(在当时是相当大的)被自发地用于发展多种所有制经济,可以说,在相当长的一段时间里,非公有制经济的发展是没有障碍、不受限制的,所以发展速度极其迅速。

中国非公有制经济中增长最快的是私有制经济。私有制经济包括个体经济、私营经济和外资经济。个体经济和私营经济在 GDP 中的比重从 1978 年的 5.3% 提高到 1997 年的 24.3%;在工业生产总值中的比重从 1978 年的 0 增长到 1997 年的 32%。对于外资经济,在 1979～1997 年间中国累计吸引外资 2201.62 亿美元,到 1997 年年底中国登记注册的外商投资企业 235 681 户,已经开业的有 145 000 户,从业人员 1750 万人,外商投资企业税收总额 993 亿元,占全国工商税收的 13.16%(王梦奎,1999)。因此,无论是从百分比还是从绝对数字来衡量,中国在任何其他年代里都不曾创造出如此辉煌的经济奇迹,从 1978 年算起的这个 20 年,是一个充满神奇、充满朝气的时代。

进入 2000 年,人们开始担心,中国经济是否能够一直保持旺盛的增长，我们似乎也无法找到一个类似于这一时期中国经济增长的例子，因为在这一时期，日本和亚洲一些发达国家（地区）遭遇到经济发展困境，而中国经济在这个时期仍然保持 7%～8% 的增长速度。2003 年以来，中国 GDP 连续 4 年保持 10% 以上的增速，并且年度最高、最低增幅间差距仅 1.1 个百分点，CPI（消费者物价指数）年平均上涨 2.1%。2006 年，中国人均国民收入达 2010 美元，比 2002 年翻了近一番，步入了中等收入国家的行列；财政收入达 38 731 亿元，比 2002 年增长 105%，4 年内翻了一番多；全国规模以上工业企业实现利润 19 504 亿元，比 2002 年的 5784 亿元多 13 720 亿元，4 年年均增速高达 35.5%；进出口贸易总额为 17 604 亿美元，世界排名由 2002 年的第六位跃升到第三位；外汇储备达 10 663 亿美元，位居世界第一位。

与此同时，中国主要工农业产品产量仍稳居世界前列或位次前移，而长期以来困扰中国经济发展的煤电油运等“瓶颈”制约也得到明显缓解。2003～2006 年，中国基础产业和基础设施固定资产投资总额达 120 271 亿元，是 1978～2002 年的近两倍；中国能源生产总量年均增长 11.3%，并在 2004 年成为世界上除美国之外的第二大能源生产国；发电量年均增长 14.7%，电力紧张状况得到初步缓解。

2006 年，中国 GDP 达到 210 871 亿元，分别相当于美国、日本和德国的 20%、60.6% 和 91.3%。相应地，中国 GDP 占世界的份额也不断提高，由 2002 年的 4.4% 提高到 2006 年的 5.5%。2007 年中国 GDP 超过德国而跃居世界第三。国家统计局报告认为，近年来，中国国民经济不仅增速快，而且持续时间长、稳定性好，经济总量和人均水平均实现了大跨越。

长达 30 年（1978～2008 年）奇迹般的高速增长举世无双，极大地改变了中国一穷二白的面貌，令中国人自豪亦使世界震惊。有关中国在全球日益重要的地位，至少有两种流行的观点：支持者认为，在 2030 年之前，或者更早，中国将成为世界最大的经济实体，而持怀疑态度的人则认为，在过快增长所带来的环境、社会和政治问题的影响下，中国的增长将很快放缓甚至会停止。这两种观点都有一定道理，也都很有说服力，但是又都过于简单化。

如同 20 世纪 80 年代的日本一样，一个外来者同样很难真正地了解 21 世纪的中国。在某种程度上，这是因为中国的经营环境并不是静止不变的，中国正在迅速地从计划经济转变为市场经济，许多较有能力的中国企业正脱颖而出，中国的消费市场在日益成长，销售与配送渠道日渐成熟，政策法规环境也在不断改善，而所有这些变化的速度都越来越快。如果说前些年国外经济学者对中国经济高速增长的真实性有质疑的话，那么面对全中国沿海地区和内地城市犹如“大工地”的建设景象，事实证明了中国国家经济仍然健康地保持在整体增长的轨道和方向上。中国变化之飞快、发展之稳健实在可谓“神奇”。

30 年中国发展现象

经济增长不仅是一个经济现象，而且是一个社会总体发展现象，涉及以下五个层面。

第一，生产要素或者说生产力的要素——资本、土地、劳动或人力资本、技术等。经济增长率＝劳动投入的贡献＋资本投入的贡献＋全要素生产率（TFP）。所谓全要素生产率是用来衡量生产效率的指标，它有三个来源：一是效率的改善；二是技术进步；三是规模效应。根据国家信息中心经济预测部提供的资料：中国全社会固定资产投资实际年均增长 11% 左右，比经济增长速度高 1.7%；投资率平均为 36% 左右，在经济扩张期投资率往往超过 40%。高投资增长率和高投资率来源于居民收入的增长和较高的储蓄倾向以及外资流入的增长。固定资产投资的增长率不仅高于 GDP 和就业人员增长率，而且固定资产投资率之高和快速攀升也是世界罕见的。可见，资本的快速积累即固定资产投资规模的扩大是中国经济增长的主要动因，当然，全要素生产率的提高也起了作用。

第二，关于产业结构和产业组织。具体地说，产业结构是指生产要素在各产业部门间的比例构成和它们之间相互依存、相互制约的联系，即一个国家或地区的资金、人力资源和各种自然资源与物质资料在国民经济各部门之间的配置状况及其相互制约的方式。产业组织是指分工和专业化的方式。生产要素投入的技术组合和分布规定了产业结构和产业组织的类型，而产业结构和产业组织反映生产要素的配置效率和技术水平，从而表现经济发展的程度。从这个意义上讲，国（地区）与国（地区）之间经济发展的差距可以用产业结构和产业组织的差距来衡量。产业结构和产业组织的高级化过程也就是经济增长过程。统计显示，中国从增长速度看，第一产业年均增长约为 5%，第二和第三产业年均增长都超过 10%，以两倍以上的增速快于第一产业。第二、第三产业对 GDP 增长的贡献的绝对数和相对数都高于第一产业。

第三，经济制度。改革开放改变了这一状态。市场经济制度和市场经济制度下的企业正在逐步发育和成型中。经济增长的方式也发生了改变，经济增长率和绩效都高于改革开放之前。改革开放以来，中国的经济增长明显高于计划经济时期（1952～1978 年），全要素生产率也高于计划经济时期。技术创新、规模经济、教育、资本积累和知识进步并非经济增长的原因，而是经济增长本身。引起增长的真正原因是制度变迁。制度的改变对经济增长的作用通常是传导性的，它通过生产要素的重新组合和配置发生作用，从而构成经济增长的基础和前提条件，比如家庭联产承包制改变了农业的配置方式从而增加了绩效；财政包干强化了地方经济的角逐和竞争从而提高了产出总量；GDP 增长的政绩考核强化了行政干预经济的动力；引进外资的“优惠政策”和系列法律法规以及加入 WTO，使海外制造业大规模向中国转移，改变了中国产业的分工格局；激励民营企业的公开规则和潜规则促成了民营经济的从无到有、从小到大；沿海开放地区与内地开放规则的差别使两地经济的发展迥然不同；如此等等。双重的规则、双重的体制、双重的企业、市场之手和政府之手，这一切构成了中国特有的行政推动的双轨经济增长模式的内涵。

第四，政策因素对经济增长发挥了重要的推动作用。其具体体现在以下四类政策。

一是财政政策。从2001年开始实施的积极财政政策的重点是，增发1000亿元建设国债，用于弥补前期基础设施在建项目后续资金不足；发行500亿元特种国债，支持西部开发，主要用于西气东输、西电东送、青藏铁路、南水北调、生态建设等一些重大基础设施建设；继续调整收入分配政策，提高机关事业单位职工工资和离退休人员的养老金。

二是稳健货币政策。①中国人民银行综合运用各种货币政策工具，尤其是公开市场操作，适当增加货币供应量；②加强金融监管，防范金融风险；③加强外汇监管，保持国际收支平衡；④改善金融服务，支持国民经济持续、快速、健康发展。

三是消费政策。改善消费环境，消除限制消费的各种障碍是当前消费政策的重点。从政策方面支持和鼓励居民消费，将对国内出现的住房、汽车、通信等新型消费产生积极而深远的影响，其即期影响也已明显体现。

四是对外开放政策。中国加入世贸组织，正在以更积极的姿态推进全方位、多层次、宽领域的对外开放，引进外资一直是中国经济发展中的重头戏，在政策上又取得重大进展，根据外经贸部、科技部、国家工商总局联合发布的《关于设立外商投资创业投资企业的暂行规定》，国外创业投资基金或基金管理企业获准可以直接到中国开展创业投资业务。

第五，市场力量在推动经济增长中占据重要地位。在市场经济环境下，经济增长的周期波动不可避免。从成熟市场经济国家的经验来看，其经济增长的周期波动主要是由于技术创新而引起的。通过技术创新实现经济可持续增长，可以解决经济长期增长中生产要素报酬递减的问题，以及稀缺资源的瓶颈问题。只有创新才能获取市场竞争优势、实现超额利润，企业家本身的人力资本才能随之增值。特别是在市场经济发展快、经济发展水平较高的沿海地区，市场力量在经济发展中的地位已经相当稳固。消费品市场兴旺，城市消费增长强劲。社会消费品零售总额保持持续增长。

国内市场需求的发展趋势表现在三个方面。

其一，政策面影响：继续扩大内需的成效将对经济增长产生决定性作用。将采取的措施包括：支持积极财政政策发挥作用，继续促进投资，增加居民收入；进一步改善消费环境，鼓励和支持居民的消费需求；放开投资限制，大力发展非国有制经济。促进金融稳定、规范、有序运行，保障经济平稳增长。

其二，市场面影响：非国有制经济投资处于一个关键时期。是继续上升还是止步不前，取决于国际、国内资金对中国经济前景的判断。中国在世界经济景气程度普遍走低的环境中，强劲的发展势头，醒目的增长业绩，为国际国内投资者增强信心提供了有力的基础。因此，只要中国能够通过合理的调控，充分发挥自身优势，保持经济的平稳、健康、快速发展，非公有制经济投资就能持续增多，为经济增长增添更强的动力。

其三，外向型经济的新突破：通过对外开放，引进技术、资金，推进和提高了生产技术和产品档次，中国经济快速发展，外向型经济功不可没。在出现了商品和资本的“双过剩”现象之后，对外开放要将推动企业走出去作为对外开放的一个重要内容，外向型经济有新突破。

30 年中国“新人”

迄今为止，仿佛在某个长时间积蓄压力的蒸汽管道上打了孔一样，中国经济的增长越来越强劲。也许任何一个国家都没有像中国这样快速而蓬勃的发展，这快速发展的经济条件，创造出了中国企业 30 年的奇迹，伴随着中国30年经济的发展，中国企业也找到了自己成长的机遇和条件，这是宏观的视角。能够推动这30年持续高增长的另外一个动力，是中国人被唤醒的价值意识和需求意识。

邓小平说得深刻："中国人穷了五千年都穷怕了。如果再贫穷下去，我们在世界上就没有地位了。"这一论述既概括了中国改革开放之前中国人的贫困生活状态，又表明了中国改革开放的一个重要目的是让人民富裕起来。

中国改革开放的过程是私营经济逐步壮大的过程，先后涌现出了各种各样的专业户、个体户，继而是各类民营企业。新希望集团总裁刘永好就是个典型的例子，他说："当时养鸡、养鹌鹑，就是为了能过上好日子，最大的愿望是能吃上红烧肉，吃饱饭，过上一天舒服的日子。"当改革开放的时机来临之时，人们像开闸的洪水一般奔涌在致富的大道上，"经商创业就是富裕""改革开放为了富裕""致富"与一切画了等号，"致富"成为生活的中心词汇。市场充满了机会，人们的需求膨胀，哪儿赚钱就到哪儿去，哪行有利就做哪一行，来不及深思创业的目的，也无须经营的合理性，人们把经营等同于致富，创业等同于掘金。

这个时期，在沿海的城市里，看到的都是追求致富梦想的人群，一切以时间、地点、条件为转移，改革开放之初的"致富冲动"造就了一大批形形色色的企业，"经济特区"的成功又进一步推动了创业热潮的持续。

虽然这些先行者由于单纯地把致富作为首要的经营目的，虽然改革初期的经营者和企业也有很多陷入"冒险""蛮干"所带来的陷阱之中，也有很多"自己打败了自己"，陷入了片面地追求金钱甚至不惜触犯法律的境地，但是更多的企业和经营者完成了从"机会市场"到"能力市场"的转变。

不论是从人类认识史还是个人认识史中，我们都可以发现，人类总是先从认识事物开始，在认识事物的过程中逐步反思人与事物之间的关系，以及人在该事物中的价值和意义。

改革开放以来，中国的经营者和企业也经历了一个从自发到自觉的认识过程，经历了从认识对象（经营活动）到认识自我（经营者责任）的过程。改革开放初期，在大家还来不及反思自己的经营能力和经营目的的时候，人们就顺着下海的浪潮扑向了市场，仿佛下海经商“天然”就能赚钱，经营者在原始积累的过程中没有谁会怀疑自己的目的，赚钱就是天经地义的事情，也没有谁在反思我们为什么赚钱，赚钱干什么。在前 10 年的时间里，普遍出现了一种财富积累速度超过经营者素质提升速度的现象，也出现了一大批成也匆匆、败也匆匆的经营者和企业。

随着改革开放的深入，市场竞争态势的转换，很多经营者开始认识到自身对于发展的责任。1992 年，我到一个乡镇企业去调研，看到这个企业老总的办公室里有松下幸之助的警句：“经营的第一理想应该是贡献社会，以社会大众为经营考虑前提，才是最基本的经营秘诀。企业如同宗教，是一种除贫造富、普度众生的事业。”中国经营者开始从赚钱的自我意识转为承担社会责任的自我意识。

马克思曾说人是在事物中反观自己，在实践中造就自己。30 年的改革开放不仅仅是中国经济的腾飞，更是中国人全面发展的腾飞。经营者们从冲动走向成熟，冲动是对外界刺激的直接反映，成熟则是对外界刺激的综合反馈。冲动是一种单向的思维，成熟则是对众多影响因素全面考量基础上的决策，也正是这样一批具有成熟思维的经营者使中国在 30 年的经济发展中，诞生了一个全新的群体——“企业家”。

“企业家”一词源于法文，意思是“敢于承担一切奉献和责任而开创并领导一项事业的人”，带有冒险家的意思。在 1800 年前后，法国经济学家萨伊（J. B. Say）将“企业家”一词广泛推广，他这样说过，“将资源从生产力和产出较低的领域转移到生产力和产出较高的领域”。德鲁克更明确地认为，“在美国出现的真正的企业家经济是现代经济和社会史上最具深远意义和最鼓舞人心的事件”。幸运的是，在中国同样显现出了这样鼓舞人心的事件。

30 年中国企业

30 年的中国，经历了政治、经济、意识形态和技术的重大转变，同样这些转变也必然带来了社会和政治的诸多问题。与此同时，我们也经历了世界经济的重大转变，比如金融危机、技术革命、知识经济、全球气候等问题，还有令人不安的恐怖主义和军备竞赛。但是，对于中国而言，我们至少拥有了一个崭新的经济，我不知道是否能够把这种经济，也像德鲁克描述美国经济那样，称之为“企业家经济”；可以肯定的是，中国开始了企业家和企业推动经济与变化的时代。

如果说 20 世纪 70 年代“乒乓球”带动了中国和美国的联系，那么，可以说，80 年代后的 30 年，中国的产品（商品）带动了中国和世界的联系。

1978 年，中国的人均国民收入在所统计的 188 个国家和地区中排名第 175 位，绝对处于低收入国家行列。中国是在危机感中痛下决心走改革开放道路的，而这一危机感直接产生于中国经济发展水平与世界发达国家的巨大差距。200 多年前，中国曾经拥有全世界 1/3 的人口和 1/3 的财富，但在世界进入工业化时代后，由于封闭、保守，中国大大地落伍了，20 世纪 70 年代，拥有世界近 1/4 人口的中国，国民总收入竟不足世界的 2%。

在国际竞争和国内现状的重压之下，蕴藏已久的工业化动力喷薄而出，发展重工业成为不可逾越的工业化阶段。这就不难理解为何在 1978 年改革元年，诞生于经济改革发展转折点上的宝钢成为当时新中国成立以来最大的工程立项。可以说，当时的中国需要一个宝钢，建设宝钢是历史的选择。宝钢的高档次产品适应了改革开放以来国民经济各部门发展的需要，特别是石油工业、汽车工业、家电工业、造船工业以及建筑工业等新兴工业的需要，建成宝钢也使中国的钢铁工业拥有了具有当代水平的产品。

1979 年年初，根据国务院批准的一项计划，招商局轮船股份有限公司正在创建蛇口工业区。一家设在中国香港其主要业务是海运代理机构的公司，竟然得到了在为吸引外资而规划设定的特区内建立一个工业区的实际自主权，这看上去有点儿奇怪。更为传奇的是，1987 年蛇口工业区实行企业制，成为蛇口工业区有限公司。由这家企业诞生的招商银行、平安保险和赤湾不但在中国改革开放中是领军企业，在今天也仍是活跃在资本市场上的中坚企业。

1980 年，香港美心集团董事局主席、现任北京航空食品有限公司名誉董事长的伍沾德先生，幸运地成为内地批准的第一个合资者。由此，中国内地改革开放后的第一家合资企业北京航空食品有限公司诞生了。而这个合资的内地投资方是民航北京管理局（中国国际航空企业前身，简称国航），从那时起，国航似乎就已开始凭借早先引资和重组合作的经验，为现在的崛起打下了基础。今天，国航的市值已达 1200 多亿元人民币。

改革初期，中国内地的资金大多来自中国香港，这也就让离香港最近的广东受益颇多。1981 年，一家在广东惠阳生产录音磁带的小厂与香港商人合资创办的“TTK 家庭电器有限公司”，也就是 TCL 的前身，26 年后已成为全球最大的彩电企业和主流移动通信产品供应商之一。2007 年上半年，TCL 的总资产已达到 185.8 亿元。

在改革大潮的冲击下，地处中国边陲云南玉溪的一个名不见经传的小烟厂领导褚时健因为看到工人生活待遇低而想到了改革，他从分配制度入手，率先打破了“大锅饭”。褚时健可能没有想到，实行浮动计件工资的方式不仅提高了工人的待遇，还让当时默默无闻的云南玉溪卷烟厂成为今天大红大紫的红塔集团。现在仅“红塔山”的无形资产在 1997 年就达到了 353 亿元，在当时位居中国榜首。

改革初期的短短5年，以上5个企业带给当时的中国财富上的震撼，已无法用具体的数字来形容。它们带给中国的，更多的是关于改革的思索：隐藏在企业脱胎换骨、翻天覆地变化背后的力量到底是什么？制度是决定经济增长的最基本因素，而制度的创造必须基于现实的物质条件以及大多数人对发展的共识。围绕这个思索，更多的中国企业开始尝试去学习、去改变、去探索，从而创造了一个又一个的财富传奇。1978~1982年，中国改革的第一个5年，记住宝钢、招商局、国航、TCL和红塔，是它们引领中国经济上路了。

当《第一财经》回顾改革开放第一个5年中国企业经营传奇的时候，2005年1月1日，美国的莎拉·邦吉奥尼一家也展开了一场为期1年的中国产品抵制活动，他们想试试看，凭借自己的意志力和创造力，能不能不靠中国（这个全世界经济增长最迅速的国家）过日子。

莎拉·邦吉奥尼的真实世界大冒险，充满了琐碎亲切的小人物趣闻。你可以看到，对她来说，抵制中国，意味着管好想造反的老公，让想买中国制造玩具的儿子屡屡失望。你还可以看到，不管是购买生日蜡烛这种普通物品，还是挑选高档成衣，都成了折磨人的差使，要是家用电器坏了，更会引发小小的危机。

《离开中国制造的一年》⊖不仅展现了中国这个制造业巨人正在悄无声息地改变大家的生活，还强调了全球化的现实状况。低工资和政府补贴，极大地提高了中国日用品的竞争能力，世界各国和各大企业很快会面临这一尴尬的现实：为了生存，它们必须依靠这个经济巨人。商业银行的首席经济学家、纳罗夫经济咨询企业总裁乔尔·纳罗夫这样认同这本书："中国远东之兽的形象，早已深入人心。但是现实与大众感知，却不一定相互吻合。那么，中国到底是不是我们想象中势不可挡的经济压路机呢？

⊖ 此书已由机械工业出版社出版。

不靠中国产品，我们能过得下去吗？这便是莎拉·邦吉奥尼在本书中提出的问题。”

这本书也许是基于全球化的观点展开，但是也从另一个侧面描绘了中国企业 30 年的影响力，这让我想起德鲁克对于现代日本的描述：

“日本人被公认为并非创新者，而是模仿者（不仅西方人这样认为，日本人自己也这样认为）。因为就整体而言，日本人并没有产生令人瞩目的技术或者科学创新，他们的成功源于社会创新。”

我借用德鲁克对日本发展的研究角度，同样感受到中国 30 年的企业发展也独创了“中国特色”。中国的社会体制必须是纯粹“中国式”的，而且必须非常“现代化”，它们必须由中国人经营，同时又必须适应高度技术性的西方经济体系。科技能够以较低的成本从国外引进，并且不会带来多少文化风险，而体制却需要有文化的基底才能茁壮成长。30 年前，邓小平经过慎重的思考，带领中国选择了“有中国特色的社会主义”道路，决定在观念、思想和管理上变革和创新，对技术创新加以模仿、引进、消化和改造，结果中国取得了举世瞩目的成功。事实上，即使是现在，这一政策依然很适合中国，尽管早期有些人认为这是“假冒”，但是当我们能够提供真正具有价值的产品的时候，人们普遍称之为“模仿创新”。

30 年撬动世界的四个杠杆

许多国外投资者在制订其经营计划时，都认为他们的中国同行只是一些简单的低成本竞争对手，但是，这些中国企业在产品与服务分化方面的竞争能力却会使他们大为吃惊。从最初的学习开始，中国企业找到了一条适合自己的发展道路，中国最优秀的企业正以无法预料的速度发展并形成具备自身竞争力的供应链体系、品牌、研发实验室和生产设施。我认为中国企业正凭借四个杠杆撬动全球企业界，众多中国企业家都试图创造和应用至少一个杠杆来帮助他们确立全球性竞争者的地位。

杠杆一：用学习换机遇

即发集团的人在总结自己成功的原因时，归结为“不耻下问，取人之长补己之短，善于向同行学习”。青岛即墨市的即发集团有着50年历史，营业额和效益均位列中国针织品行业第一。

1982年，即发集团董事长陈玉兰决定把市场从美国转向日本，并很快就找到了客户。但客户要求即发集团先派人去日本学习3个月，并特别指定陈玉兰一定要去。于是，在山东工艺公司的安排下，陈玉兰带领另外3个工人先去北京工艺总公司培训了3天。培训的内容包括如何吃面、如何吃米饭等，目的是为了在国际交往中维护好中国形象；更重要的是，培训老师告诉她们一定要说社会主义好。培训后，1982年12月15日，陈玉兰一行4人乘坐飞机到达了日本。这是她第一次出国，也是第一次坐飞机。当时谁也没想到，这次日本之旅，竟然会改变即发集团未来发展的命运。

一切都是陌生的，一切都是新鲜的。一下飞机，陈玉兰就喜欢上了这里：只觉得眼前眼花缭乱，灯光非常明亮，而且居然不会停电——要知道当时中国的小城镇停电是很普遍的事。日本真是什么都好，陈玉兰甚至把一些漂亮的塑料袋都小心翼翼地折好，收藏起来带回中国研究。

有意思的是，真正影响陈玉兰的是和日本人之间的一段对话。日本人问她：“中国好还是日本好？”陈玉兰回答说：“中国好。”日本人又问：“中国好在哪里？”陈玉兰想也没想便回答说：“社会主义制度好。”日本人又继续问：“社会主义制度好在哪里？”陈玉兰想了一下，说了一句让日本人哑口无言的话：“我是女的，在中国能当厂长，在你们日本女的能当厂长吗？”尽管对方无话可说，但这还是深深地触发了陈玉兰内心深处的自尊，她知道自己的祖国落后了，因而回国的心情更加迫切。

回国之前，陈玉兰向日方提出了一个要求：她想去参观一下其他工厂。这个要求让日方一愣，但随后还是答应了。陈玉兰一共看了三家工厂：一家是电脑刺绣厂，一家是西服厂，一家是手套厂。其中，电脑刺绣厂让陈玉兰印象尤其深刻，因为那时候日本已经在用 12 头的全自动电脑绣花机，设备之先进，让她看得着了迷。正是在这短短的几分钟时间里，她产生了一个很朴素但很有远见的想法：一定要用最好的机器和设备。这个想法，对即发集团今天的领先和成功，具有极其重要的意义。正是凭借领先的设备和技术，即发集团才获得了迅速赶超别人的强大竞争优势，并牢牢地把握住了客户和历次机会。

陈玉兰当时也许根本没有意识到，她的日本之行，以及在其间的见闻感受，会彻底改变即发集团的发展命运。回国之后，陈玉兰做的第一件事情就是：采购 100 台缝纫机。这在当时可不是一个小数目。别人问她：你一下子买这么多，就不怕买回去浪费？陈玉兰回答说：不要紧，先买回去再说。于是，第一批 43 台，第二批 57 台缝纫机先后到位。正好即墨有个地毯厂，一台圆机闲置着不用，地毯厂的老板便把它作为人情送给了即发集团；这一切形成了即发集团涉足针织品行业的基础。有了先进的设备，陈玉兰又去找青岛外纺和山东外纺，放弃手套转型做针织。1985～1987 年，即发集团的订单应接不暇，利润很高，并且业务非常好做，曾经有一个三角裤品种一下子就做了 80 万件。在这段时间里，不仅仅是即发集团，许多纺织企业都做得很顺利。拿出去的是纺织品，换回来的是更好的机械设备，综合算下来，利润率还是很高的。

在 20 世纪 90 年代初期，姓“资”还是姓“社”仍然是个非常敏感的问题。再加上当时的经济开放度不高，很少有企业能够进行合资。但即发集团却走在了前面，一切都是那么自然，水到渠成，即发集团借助于合资，有了更为直接的学习渠道。

1993 年，即发集团旗下的第一个合资企业——贵华针织正式成立。

贵华针织由日本伊藤忠株式会社、山东外纺等四家企业合建，初期投资额210万美元，并于第二年7月正式开工投产，形成了年产针织内衣500万件的生产能力。合资的原因很简单，因为客户的订单大了，并且非常信任即发集团，所以就建了一个专门的合资工厂来做伊藤忠的订单。这是一种真正意义上的双赢合作，而不是像当时很多企业把合资当成一种流行，为合资而合资。

1994年，即发集团与日本日棉株式会社、山东外纺等九方合资兴建了青岛中棉针织有限公司，总投资1700万美元，并于第二年10月开工投产，使针织布染色能力每年增加到1200吨，生产成衣510万件，年销售收入1.7亿元人民币。

通过合资，即发集团一方面解决了资金问题，提高了自身的技术和管理水平；另一方面，即发集团还有更绝的地方，那就是和客户的关系更加密切，可以和客户一起成长，因为即发集团的合资方本身就是自己的客户。今天，这种模式在即发集团内部被广泛复制，规模也越做越大，从几百万美元到几亿美元的项目都有，让即发集团受益匪浅。从1984年涉足针织品行业开始，到随后的20多年时间里，即发集团平均每年以38%的速度增长，上缴国家税金平均每年以41.3%的速度增长，出口创汇平均以每年27%的速度增长。即发集团是中国众多成长于学习的企业之一，如果没有向国外企业学习的机会，中国企业不可能具有今天的成长能力和速度。

杠杆二：用成本换市场

迈克尔·波特在其著名的竞争战略理论中，确定总成本领先战略是三个竞争战略之一。他认为，成本领先要求积极地建立起达到有效规模的生产设施，在经验的基础上全力以赴地降低成本，抓紧成本与管理费用的控制，以及最大限度地减小研究开发、服务、推销、广告等方面的成本费用。为了达到这些目标，有必要在管理方面对成本控制给予高度重视。尽管质量、服务以及其他方面不容忽视，但贯穿于整个战略中的主题是使成本低于竞争对手。

低成本地位有利于公司在强大的买方威胁中保卫自己，因为买方最多只能将价格压到效率居于其次的竞争对手的水平。低成本也构成对强大供方威胁的防卫，因为低成本在对付供方产品涨价中具有较高的灵活性。形成低成本优势的诸多因素通常也以规模经济或成本优势的形式建立起进入壁垒。最后，在与替代品竞争时，低成本地位通常使公司所处的地位比产业中其他竞争者有利。这样，低成本可以在所有竞争作用力的威胁中保护公司。原因是讨价还价使利润蒙受损失的过程只能持续到让效率居于其次的竞争对手难以为继时为止，而且在竞争压力下效率较低的竞争对手会先遇上麻烦。

在格兰仕这家典型的"世界工厂"型企业的快速发展中，其发展核心就是凭借生产规模带来的价格利剑，占据了微波炉市场的绝对领先份额，并制定了这个行业的游戏规则。这种理论也被格兰仕自己称为"拿来主义"——其背后就是将对方的生产线搬过来，OEM（贴牌生产）的同时做自己的产品。比如 A 品牌的生产线搬过来，就生产 A；B 品牌的生产线搬过来，就生产 B；多余出来的生产时间就属于格兰仕，因为格兰仕还有另外一招叫"拼工时"。在法国，一周生产时间可能只有 24 个小时，而在格兰仕可以根据需要三班倒，可以 24 小时连续生产。也就是说，同样一条生产线，在格兰仕做一天，相当于在法国做一个星期。

格兰仕靠这种规模制造与成本领先的优势，连续几次大降价，从而获得了微波炉的霸主地位。同时，通过降价，格兰仕成功地为这个行业，竖起了一道成本门槛，如果想介入，就必须投巨资去获得规模，但如果投巨资，盈利水平做不过格兰仕，就要承担巨额亏损，即使做过格兰仕的盈利水平，产业的微利和饱和也会使对手无利可图。

格兰仕的成本领先战略主要是通过规模经营来实现的。格兰仕的领导层认为，要在自己所从事的行业或领域取得竞争优势，就必须迅速扩张规模，然后再把规模上的绝对优势转化为成本上的比较优势，这样才能迅速击败竞争对手。正是基于这种认识，格兰仕在生产规模上实现了跳跃式的超常规发展：1993 年试生产微波炉 1 万台，1994 年增加到 10 万台，1995 年增加到 22 万台，1996 年扩大到 65 万台，1997 年猛增加到 300 万台，1998 年又增加到 450 万台，1999 年突破 600 万台，2000 年生产 1200 万台，2001 年进一步增加到 1500 万台。

格兰仕通过实行规模经营，有效地降低了单位产品直接生产成本、分销成本、推广成本、技术成本和原材料采购成本等，成为本行业的成本领先者。首先，通过迅速扩张规模，提高了对机器、设备和厂房等的利用效率，并且工人生产效率也在经验的基础上不断得到提高。其次，实行大规模运输、储存和无差异广告宣传，有效地降低了单位产品的分销成本和推广成本。再次，实行大规模采购，增强了对原材料供应商的砍价实力，从而降低了原材料采购成本。最后，实行规模经营，降低了单位产品所包含的技术成本。例如，2000 年，格兰仕投入的新产品研究开发费用尽管高达 2 亿元人民币，但分摊到 1200 万台产品上，每台增加的成本费用只有十几元，这要远远低于具有同样技术含量但生产规模较小企业的技术成本。

格兰仕被称为“价格屠夫”。当格兰仕的规模达到 125 万台时，就把出厂价定在规模为 80 万台的企业的成本价以下。此时，格兰仕还有利润，而规模低于 80 万台的企业，多生产 1 台就多亏 1 台。当规模达到 300 万台时，格兰仕又把出厂价调到规模为 200 万台的企业的成本线以下，结果规模低于 200 万台且技术无明显差异的企业陷入了亏本的泥淖，使对手找不到追赶上其规模的机会，在家电业创造了市场占有率达到 61.43% 的创举，难怪连海尔的张瑞敏都直呼“预想不到”。

格兰仕正是这样一个运用成本领先战略的企业。格兰仕的前身是顺德桂洲羽毛加工厂，1990 年年初，格兰仕审时度势，进入当时国内消费者比较陌生的“微波炉”家电领域，之后，格兰仕成为家电行业的一匹“黑马”，一路高歌猛进。到目前为止，格兰仕微波炉已经连续九年保持中国市场第一，连续七年全球市场称冠，占据了全球近半数的微波炉市场。格兰仕在行业中绝对领先的成本能力使其逐渐垄断了整个市场，格兰仕惊人的发展轨迹被经济学家称为“格兰仕现象”。

杠杆三：用创新换认同

华为起步时的经营范围是小型程控交换机、火灾警报器、气浮仪开发生产及有关的工程承包咨询，代理香港康力企业的 HAX 模拟交换机，从香港到内地，靠中间的价格差获利。

20 世纪 80 年代，中国整个通信市场，从农业到国家骨干电话网用的全是国外进口的设备，行业内流传着“七国八制”的说法。也就是说，当时的中国通信市场上总共有 8 种制式的机型，分别来自 7 个国家。1990 年，华为开始研制自己的数字交换机。1991 年 12 月合作开发的 HJD-04 程控交换机研制成功并开始批量生产，成为中国自主开发设计的第一个大型数字程控交换机机型。华为每年将销售额的 10% 以上投入科研，从事产品研发的科技人员达 13 000 人。他们将代理销售取得的点滴利润用于研究交换机，形成局部突破，逐渐取得技术的领先，技术的领先带来了利润的扩大，扩大的利润再次被投入到升级换代和其他通信产品的研发中，如此周而复始，只在自己最擅长的领域做到业绩最佳，从不旁骛。

“华为最有价值的东西，不是宽大的厂房，而是拥有一系列完全知识产权的核心技术。”华为副总裁宋柳平表示，通信领域多年前就被称为“富人的俱乐部”，是欧美跨国企业的领地，没有足够的专利、没有核心的知识产权和技术，一般企业“赤膊上阵”，是根本无法参与竞争的，因为

“连竞争的资格都没有”。华为之所以能够加入竞争行列，一个主要的前提就是华为很早就确立了一套行之有效的知识产权战略和工作制度，巨资投入研发领域，建立了一支庞大和高效的研发队伍，并通过适时领先的技术研发，使华为获得大量核心技术和1000多项国内、国际专利。这就是华为这几年能参与国际竞争并获得一定优势的“利器”。

华为仅3G研发人员就有6000人，在美国、瑞典、印度和俄罗斯等国设立了多个研发中心，累计在3G上的研发投入超过60亿元人民币。高投入使华为在短短3年内就拥有了2700多项3G专利，其中94%为发明专利。

“预计在未来几年中，华为每年将达到3000件的国内专利申请量和1000件的PCT（专利合作条约）专利申请量，并最终达到累计1万件左右的专利申请量。”宋柳平认为专利从申请到授权有个过程，所以华为还将获得更多的基本专利，并最终完成华为知识产权和专利技术的“国际布局”，形成华为与跨国企业竞争的基础和实力。

华为现在拥有从光交换技术、光纤网络、3G到只有火柴盒大的HSPA（移动宽带）USB调制解调器等完整的产品组合。1/3的研发费用和研发人员都用在开发移动数据产品上。也许终端用户不知道使用的是华为的产品，因为华为是通过与BT（英国电信）、DT（德国电信）和法国Orange等运营商合作销售产品。

2005年，思科指控华为销售的产品太类似于自己的产品，但是华为还是赢得了一些关键合同，在欧洲市场取得了很大发展，其中最重大的成功就是成为BT（英国电信）21世纪网络的8家指定供应商之一。在核心的交换技术领域里，华为自称位列世界前三，60%的收入来自海外市场。2007年6月公布的第21届电子信息百强企业排名中，华为上缴税金74.78亿元，接近前10名中另外9家企业之和。2006年财报显示，华为实现销售收入656亿元人民币，同比增长45%，其中65%的销售收入来自国际市场。截至2006年年底，华为累计缴纳税款304亿元。

杠杆四：用速度换资本

1999 年 8 月蒙牛集团成立，作为乳业的后起之秀，“蒙牛”以出色的营销手段实现了快速增长。

2002 年蒙牛的销售额突破 21 亿元，在全国乳制品企业中的排名由第 1116 位一举跃升至第 4 位。同年 10 月 19 日，“第五届中国成长企业 CEO 峰会”在人民大会堂召开，在大会表彰的 1999～2001 年度中国超速成长百强企业（非上市、非国有控股）中，蒙牛乳业以 1947.31% 的成长速度名列榜首。

蒙牛销售收入从 1999 年的 0.37 亿元飙升至 2003 年的 40.7 亿元，后者是前者的 110 倍，年平均发展速度高达 323%！在全国乳制品企业中的排名由第 1116 位上升为第 2 位，创造了在诞生之初 1000 余天里平均一天超越一个乳品企业的营销奇迹！“蒙牛速度”，成为中国企业的一面旗帜。

蒙牛乳业，创造了“蒙牛速度”。CCTV 2003“中国经济年度人物”对牛根生的颁奖辞写道：“他是一头牛，却跑出了火箭的速度！”蒙牛创造了多项全国纪录：荣获中国成长企业“百强之冠”，位列“中国乳品行业竞争力第一名”，拥有中国规模最大的“国际示范牧场”，并首次引入挤奶机器人，是中国乳界收奶量最大的农业产业化“第一龙头”；蒙牛单品销量居全球第一，液态奶销量居全国第一，“消费者综合满意度”列同类产品第 1 名，同时也是 2003 年香港超市唯一获奖的内地品牌。同时，蒙牛还是中国首家在海外上市的乳制品企业，并一举摘得“2004 年最佳 IPO”的桂冠。蒙牛也是摩根士丹利在亚洲地区直接投资额最大的企业。

2005 年 8 月 5 日，百度在纳斯达克上市，不到一天的时间，以 39.58 亿美元成为市值最高的纳斯达克中国概念股。一路走来，李彦宏等人组成的创业团队带给中国经济的意义并不简单的是纳斯达克上市企业，而是在于他们创造出了一个新的商业理念——基于传统产业之上的创新服务行业，更具意义的是，他们代表了中国企业和世界的融合。

令人意外的是，发行价为27美元的百度开盘即达66美元，最后报收于122.54美元，成为美国历史上上市首日收益最高的10只股票之一，并成为5年来纳市新上市企业首日涨幅最大的股票。

1998年，李彦宏在硅谷计划写作《硅谷商战》时，也许不会想到，7年后，自己会在纽约自由广场一号兴奋得泪流满面。“众里寻他千百度”，李彦宏从辛弃疾的宋词中获得灵感，挑取“百度”作为自己的网络搜索引擎企业的名字。

李彦宏又把中国互联网带回到了.com的疯狂时代。当时，因为Google成功上市，搜索概念热得烫手，而百度的竞价排名等经营模式与Google比较相像，“ Google效应”增加了华尔街追捧百度的热度。同时，百度只专注于搜索，核心竞争力清晰，每年增长速度都在200%以上，而投资者追捧的就是企业的高速成长。如今，百度已经在中国市场上占据约70%的市场份额。

在初入世界市场的时代，中国企业用自己的方式寻找到杠杆：学习、成本、创新、速度。正是这四个杠杆，让中国企业获得了成长的时间和空间，在过去的30年里，有了迈向价值型企业的前提条件，但是如果说学习和创新是一个永恒的话题，那么成本和速度则是一个可以变化的量，因为中国市场本身已经是全球市场；同样，我们曾经所具备的成本优势也将是全球的成本优势，我们所具备的基于中国市场的成长速度，其他跨国企业也会具备。面对未来，中国企业应该思考如何用本国市场去获取商业价值最大化——30年后该如何？中国企业必须能够回答。

如果让我来投资，那么注重发展的核心竞争力将最符合市场的规律。

——C. K. 普拉哈拉德

02 第2章 价值型企业

中国企业的发展史曾是高度纪律性、井井有条、重点发展某些行业的历史，而目前在转型和升级阶段的过渡期，呈现的却是一幅稍有混乱、充斥着似乎永无休止争论的发展画卷，但恰恰是这些因素给予了中国企业进一步发展的力量！

对于中国企业界来说，几年来始终引起它们高度关注的几个词是战略、模式、转型和执行。这种变化比起仅仅关注政府关系或者银行融资来说当然是很大的进步；不过，对于还显得比较年轻的中国企业来说，如何面对和把握这个庞大市场变幻莫测的未来，显然需要它们为此转变和付出更多。

中国已经由物质短缺时代进入物质过剩时代；已经有人开始反思30年来的企业发展模式是否能够继续奏效。在这样的大背景之下，中国商业环境正在发生剧烈变化，企业同样面临观念以及组织上的变革暗涌。一个当初被我们创造、强化或者曾经改变的机构，如今却让我们束手束脚。面对这种情况，我们该如何应对？英国社会学家吉登斯曾提出这样的问题："人们采取行动创造这个持久结构，而这个结构又约束人们未来的行动。"

萧伯纳说："人生有两大悲剧，一是没有得到你心爱的东西，另一是得到你心爱的东西。"中国面对跨国企业的持续倾斜和迷恋是否会影响到中国企业成长的公平性？其负面效应是否已经到需要警醒和反思的时刻了？如何摆脱用“卖硬苦力”描绘的中国企业的情形？造成这些痛苦的根本原因是我们离价值型企业还有很大的距离。

价值型企业模型

30年前，中国企业发展的机会来源于中国市场；30年后，中国企业的下一个发展的机会来源于全球化市场，来源于成长为价值型企业的过程。

是的，当改革开放后的中国来到而立之年的时候，我们需要知道未来的路向。在我回顾这30年中国变化和成长所走过的历程时，一个更为清晰的想法进入我的脑海，30年后成为价值型企业是我们所需要努力的方向。就成长而言，30年，我们有了很多引以为傲的收获：市场规模、企业规模、产品要素、成本能力、技术学习、管理体系、人力资源，这一切都是30年间中国企业得以快速成长的原因，也是30年来中国企业的积累和沉淀。但是论及发展，一个企业就需要有发展的能力和基础。发展依赖于两个最基本的要素：第一，把握并顺应环境发展的趋势；第二，具有内在的驱动力。

无疑，全球化是我们必须面对的环境发展的最大趋势。因此，不管中国企业是否具备该能力，迎接全球化是必需的，也是必然的。我们需要了解在全球化背景下，什么是国际运作规则，要懂得“国际”的内涵——文化的问题、政治的发展、市场的运作、竞争生态的改变、新思潮的涌现等。唯有如此，才能知道价值标准，也才能够运用自如。

2004年，联想集团收购了IBM公司的PC事业部，随后TCL集团实施了对德国施耐德、法国汤姆逊和阿尔卡特的三重收购。这些跨国公司之所以最终舍得将这些业务卖掉，原因之一是：中国企业的进入，极大地挤压了部分产品市场的利润水平。虽然过程艰辛，但是对于中国企业来说多了一笔从“制造车间”迈向“全球化企业”的资本，更重要的是，我们真正开始进入到全球化，而不再是在边缘或者隔海望。

“中国撼动世界”和“中国世纪”是近几年海外传媒追捧的话题，在纳入全球化轨道的过程当中，洋人的忧虑甚至比国人还要多。要真正融入全球化，并谋取到座席与话筒，就不能仅仅停留在“忘我”的竞争状态中，中国企业需要用符合国际惯例的方式、中国智慧以及透明的方式来获得真正的认同，这就要求中国企业具有全新的发展能力。

内在的发展驱动力，来自于企业制定战略和实现战略能力的累积。特别是市场经营环境已经进入顾客时代，如何从简单地理解市场转化为理解顾客，是中国企业能够最终进入这个时代和步入下一个时代的分水岭。以往我们习惯了动用人力成本、自然资源、政策调整来加快发展，但是，随着全球化的深入，随着人力资本强化和资源深化的要求，中国企业需要有全新的增长方式，不能再依赖于规模增长、投资增长和劳动力的单纯增长，我们需要寻找的这个新的增长模式，我称之为价值增长。

因此，我确定中国企业发展的下一个机会是成为价值型企业，之所以这样判断是源于经济增长方式的转变。

经济增长方式一般分为粗放型和集约型两种。粗放型增长方式是指主要依靠生产要素的数量扩张而实现的经济增长，其表现是高投入、高消耗、低产出、低效率。集约型增长方式是指依靠生产要素的科学合理配置、科技进步和提高劳动者素质，通过提高生产效率而实现的经济增长。转变经济增长方式，关键是要通过深化体制改革，形成有利于集约型经济增长的经济运行机制。20 世纪 90 年代以来，中央关于从粗放型经济增长方式转变到集约型经济增长方式的一贯要求是：经济增长从主要依靠增加投入、追求数量，转到主要依靠科技进步和提高劳动者素质上来，转到注重质量和以提高经济效益为中心的轨道上来。

我们看看西方国家走过的路。萨缪尔森将工业发展分为三个阶段，发展道路和增长道路也分为三种。其中，第一阶段是起飞前阶段，以英国为主。主要是依靠土地投入，局限性很大，易陷入“马尔萨斯陷阱”(土地资源被完全占用后，经济无法再继续增长)。但 19 世纪经济起飞后，英国并未陷入“马尔萨斯陷阱”，原因是经济增长靠的是物质资本投入，用机器代替人工，发展重工业。霍夫曼将 19 世纪英国、美国工业化初期和中期阶段的增长方式外推到工业化后期阶段，表明重化工业还要发展得更快，要占支配性地位，这就是霍夫曼经验定理。为什么马克思在 19 世纪末说，资本主义丧钟已经敲响？这不是从政治角度提出，而是完全通过经济分析提出的。但是从 20 世纪二三十年代的发展情况看，并未实现霍夫曼定理，于是萨缪尔森将这段发展时期称为现代发展，即经济增长不是依靠物质资本积累和资源的投入，而是依靠效率的提高。

历史上，率先实现工业化的国家，在向后工业化过渡时期，也曾遇到过经济发展与环境和资源紧张关系带来的所谓“增长极限”问题。跨越这一极限，消解这一极限的重要手段之一，就是构建新型工业化。

在当代，内涵式扩大再生产，不仅意味着生产要素在更广范围、更大程度上的优化组合及合理使用，更意味着生产要素以及生产各环节间的科技含量比重的不断扩大。最近几十年，由科学理论到应用技术，再由应用技术到终端产品之间的转化速度不断刷新。科技进步为经济发展创造了新前景，开辟了新道路，科技进步日益成为经济持续发展的关键性因素。

在经济发展中，我们要逐步确立企业技术创新和科技投入的主体地位，增强企业的研发能力，坚持先进技术的引进、消化、吸收和自主创新相结合，实现市场开拓、技术创新和生产经营一体化。这样的生产方式，这样的经济增长方式，就是以科技创新为前进动力和发展潜力的内涵式扩大再生产的增长方式。新型工业化道路的真正意义之一是靠效率提高，而不是靠资源投入实现增长。第二靠信息化带动工业化。由此带来了企业增长方式的全面改变。

这就是我提出价值型企业的根本原因。成为价值型企业是中国企业迎接未来发展的下一个机会。一旦价值增长的执行帮助企业走上全球化发展正轨，企业自然会把这种价值意识融入接下来的发展之中，从而通过企业的文化和管理发展战略产生进一步影响，本书设计和诠释了如图 2-1 所示的价值型企业模型，我们认为实践、实施价值模型可以让企业从目前竞争激烈、摇摇欲坠的本土企业成长为一个充满价值意识、富有合作群体的国际化企业。

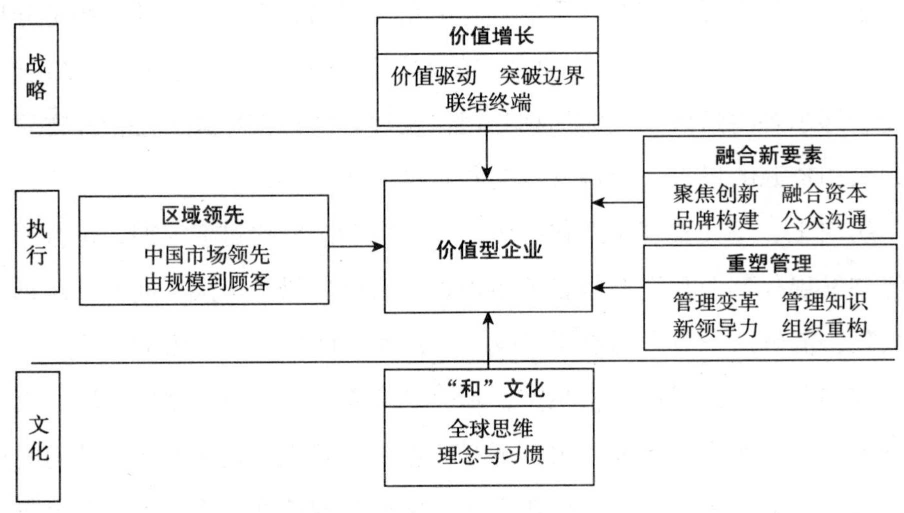

图 2-1　价值型企业

价值型企业模型主要表现在对企业战略、执行和文化三个领域的塑造。

第一，战略领域：价值增长的战略。战略逻辑的清晰和持久性决定着一个企业是否可以获得持续的价值，价值型企业必须具有明确的价值驱动能力，要求战略的重心从价格转移到价值，从市场转移到顾客，从产品转移到产业，从本土转移到全球。也就是说，具有与外界广泛沟通的能力，能够打破商业间的边界，突破企业与顾客（消费）间的界限，最终实现商业价值。

第二，执行领域，包含以下三部分。

区域领先的市场能力。本土市场的领先能力，决定企业能否实现价值增长。因此中国企业必须首先在本土市场保持领先，没有本土市场的领先经历，企业无法真正了解市场要素和价值成长的关系，也无法获得海外市场增长的资源和基础。另外，规模领先并不真正代表市场领先，一味追求企业规模并不代表具备市场能力；获得市场能力来源于企业对顾客和顾客层的专注。

融合新的要素。过去 30 年的发展，驱动中国企业成长的要素是学习、成本、创新和市场。而如今在全球化背景下，价值型企业的驱动要素表现在创新、资本、品牌和沟通。创新即自主创新、模仿创新或合作创新；资本即资本融合，以资本驱动市场；品牌即信息化品牌塑造，通过品牌释放消费的商业价值；沟通即透明公开的公共沟通，以获得更广泛的资源。

重新塑造管理。全球化不仅改变了经营模式，而且还改变了管理本身的定义，管理不再简单承担原有“计划、组织、领导、控制”的功能，知识和变革赋予管理全新的内涵。组织中个人能力和认识的突显，推动管理者领导力的提升，领导者必须从影响他人转化到信任个人和引领组织，组织所承担的功能也从追求效率转化为推动组织系统整体成长。

第三，文化领域：“和”文化。企业成长的基石是理念和习惯，文化重构其根源，企业一方面需要在全球视野下确立新的思维方式，另一方面需要在传统文化基础上进行选择和扬弃。只有适合发展和适应变化的文化，才能推动企业成长。我们将这个新文化称为“和”文化，即求和的心态，融合世界的价值取向以及全球理念。

价值型企业共性

中央电视台《对话》栏目专门做了一次《冠军来自中国》的节目，这个节目选择了中国50位冠军企业，它们在各自的领域都是佼佼者，这些冠军企业分享了它们成功的要素、成长的烦恼以及关注的问题。借助于这些成功的企业和企业家的对话，使得我们开始审视什么样的企业才称之为冠军企业。

早在10年前我就梦想找到这样的企业，2004年，我把这样的企业称为“行业先锋”。之所以没有称之为冠军企业，是因为我觉得真正的冠军企业需要有优秀的企业特质。正如这些嘉宾所谈论的话题一样，我们常常会为“是多元化还是专业化？是空降经理还是内部培养？是人才重要还是技术重要？是资金重要还是政策重要？”等这些问题纠缠和摇摆，也许每个企业都有具体的情况，每个阶段都有机会和挑战，每个行业都有自己的特性，所以答案应该也是多解的，这样的结果对于成长中的中国企业而言没有任何意义。

多年来，我一直关注那些无论市场变化、行情起伏、时间推移、地域差异都能够推进自己前进的企业，我曾经把这些企业称之为“鹰企”，更确切的描述应当是“价值型企业”，即能够面对不断变化的环境并超越环境创造价值的企业。我也在不断地寻找它们之间的共同特质，我将之总结为八个方面的共性。

共性一：持续的成长性

2004年，我所服务的六和集团已经成为中国饲料行业的领先企业，如果仅仅从销售规模上讲，六和集团已经创造了行业的奇迹，在过去的时间里，用同事的评价来说，六和已经重塑了自己——降低成本，提高产品质量，为养殖户带来了价值，并成功地实现了理想的利润，更重要的是六和集团成为山东市场的绝对领导者。

但是，成为市场的领导者又能怎么样呢？饲料行业已经开始进入成熟阶段，企业要面对更加激烈的竞争，产能的过剩、原材料的涨价、疫情的出现、全球市场的不可控因素的影响、国家政策等，谁都无法确信今天的成功，就能够延续到明天；而我确信，今天的成功已经成为历史，在未来的日子里，六和必须找到新的路向，否则一定被淘汰。

我还记得当时和同事们一起分享可口可乐的例子——20 世纪 80 年代早期，郭思达重塑可口可乐的故事。

当年，郭思达接手可口可乐的时候，企业以大约 35% 的市场占有率控制着美国的软饮料市场，而且所有人都认为市场已经足够成熟。游戏围绕着争夺其他 10% 的市场份额展开，那是一场不惜一切代价的争夺；或者竞争者之间围绕着保卫各自企业的市场份额展开战斗，百事可乐在市场上正把可口可乐的“饮料罐”踢得团团转，证券分析家们几乎要为可口可乐唱挽歌了。

但是郭思达没有悲哀，他有一个见解——一个简单同时具有强大震撼力的见解：在“人们的肚子里”我们的份额是多少？他问大家，“我不是说可口可乐在美国的可乐市场中占有的份额，也不是说在全球的软饮料市场中占有的份额，而是在世界上每个人都要消费的液体饮料市场中所占的份额。”大家恍然大悟，在这个市场，可口可乐的市场份额简直少到可以忽略不计。

我们明白，对于一个企业而言，成为市场领导者并不意味着什么，最关键的是需要有一个明确而清晰的战略，而这个战略所能回答的问题就是企业持续成长的根源。所以市场领导者没有根本意义，根本意义是企业的持续成长性。

企业的持续成长是衡量一个企业能力的根本标准，保持企业成长的条件只有一个，那就是顾客价值成长。因此价值型企业会以顾客价值为导向，它的战略逻辑是长期的，并深植于顾客价值之中，对于这样的企业来说不是专业化和多元化的区别，而是顾客价值取向的判断，我们看到专业化的微软，推动微软的是给世人一个“看世界的窗口”，我们也看到多元化的 GE，成就 GE 的是“科技造福人类”；无论是专业化还是多元化，这只是战略方式的选择，这个选择并不重要，重要的是选择的战略逻辑是什么。只要是顾客价值取向的战略逻辑，就可以支撑专业化或者多元化的成功；因为不是专业化或者多元化取得成功，而是顾客价值取得成功。

共性二：创新性

德鲁克曾经非常清晰地表达过什么是企业，他说企业就是创造顾客，所以企业只有两个功能：一个是销售，一个是创新。在《创新与企业家精神》⊖这本书里，德鲁克用了整整一章的篇幅来定义企业家和企业家精神，着力阐述创新精神的根本含义。在德鲁克看来，企业家（或者“企业家精神”）就是：①大幅度提高资源产出；②创造出新颖而与众不同的东西，改变价值；③开创了新市场和新顾客群；④视变化为常态，他们总是寻找变化，对它做出反应，并将它视为机遇而加以利用。

在德鲁克看来，企业家的本质就是有目的、有组织的系统创新。而创新就是改变资源的产出，就是通过改变产品或者服务，为顾客提供价值，带来更高的满意度。所以，仅仅创办了企业还不够，德鲁克举例子说，一个人开了一家餐馆，虽然他冒了一些风险，也不能算是企业家，因为他既没有创造出一种新的满足，也没有创造出新的消费诉求。但是，麦当劳的创始人雷·克罗克却是企业家，因为他让汉堡包这一普遍的产品通过连锁的方式进行标准化的生产，大大提高了资源的产出，增加了新的消费需求，影响了人们的生活。

⊖ 此书已由机械工业出版社出版。

创新不仅仅是今天市场环境的条件，更重要的是，创新是企业能够成为价值型企业的能力所在。如果宽泛一点儿说，成功的企业都是创造性地开辟了新的领域。苹果带领我们走向计算机时代的时候，星巴克创立了全新的商业渠道，使咖啡成为商务人士瞬间可以享受到的休闲；杜邦企业“让女王的丝袜女仆也可以享用”；沃尔玛的商业模式让产品“总是以最低的价格销售”；阿里巴巴更是“让天下没有难做的生意”……这些企业的奇迹都是源于创新能力的发挥。创新表现在五个领域：创新的产品、创新的市场、创新的替代材料、创新的商业模式和创新的企业组合。这些创新会依赖于技术、资金、人才等，但是最重要的是人才、技术和资金需要转化为创新的成果，得到这五个方面的成果才是创新性的体现，仅仅拥有人才、资金和技术是远远不够的，他们需要转化才是真的创新能力。正如熊彼特所言，“创新是判断企业家的唯一标准”。

共性三：环境的匹配能力

下面这段话大家都非常熟悉：在非洲，每天早晨羚羊醒来，羚羊明白它必须跑得比狮子快，不然它会被狮子吃掉；每天早晨狮子醒来，狮子也明白它必须赛过跑得最慢的羚羊，不然它会活活饿死。不论你是狮子还是羚羊，都不重要……重要的是每天旭日东升，你就得开始奔跑！

这段话就挂在沃尔玛前任CEO大卫·格拉斯（David Glass）办公桌对面的墙上，他也经常把这句话作为谈话的结束语，沃尔玛能够一直保持世界500强的领先者，很重要的一个因素就是它能够一直保持和环境的匹配。

企业与环境是互为主体的，企业如果不能够顺应环境的变化、不能够与环境互动，企业就不可能具有竞争力。IBM从老沃森到小沃森再到郭士纳经历了三代领导人，同时也经历了小型机、大型机和互联网的时代，每一次都是对于环境变化的深刻理解，IBM始终保持蓝色巨人的领先位置。

中国企业在改革开放初期，也正是由于深刻理解刚刚开放的环境特征，才走出了一条低成本之路，通过价格、服务和质量的平衡优势能力，使得本国产品在与国外产品的竞争过程中获得了自己的位置。中国家电产品就是从这个阶段起飞的。改革开放初期，人们已经开始从国外家电进入中国的过程中了解了家电产品，但是大多数家庭还没有消费能力。我仍然清晰地记得，当时的彩色电视机是一个家庭足以炫耀的奢侈品。20世纪80年代初期中国内地青年结婚“三大件”的标准就是电视机、洗衣机和电冰箱；大多数家庭的电器产品都是“钻石”一样的宝贝。

以珠江三角洲为首的中国家电企业理解了当时的环境特征，选择迈向家电产品国产化进程。它们从价格入手，把电视机、洗衣机和电冰箱从奢侈品转变成消费品，从稀缺产品转变为大众产品，这些产品几乎一下子占领了整个中国市场，一度使得外国品牌无法在中国市场存活。

最近几年，中国企业开始遭遇国外市场的抵制，从根本上寻求原因，我们可以理解为这是中国企业在进行海外扩展时对于国际商业环境理解不足造成的。无论是食品安全问题、环保问题还是企业社会责任问题等，这些都是目前国际商业环境要素中的关键要素。如果我们不能够将自身能力与国际商业环境很好地匹配，最后在海外扩张进程中受到伤害的一定是企业自己。

共性四：领袖风范的领导力

一直以来，我自己都有崇拜领袖的心态。我敬仰领袖们的魅力，更敬仰领袖们对历史的创造。也许正是缘于这样的敬仰，我开始探究这些领袖们的气质是什么。如果这些气质被称为“领导力”，“领导力”又是怎样展示的呢？

我并不反对领袖具有天赋的说法，但是否具有了天赋就具备了“领导力”进而成为领袖？我并不这样认为。我曾经花了10年的时间关注中国成功的企业领导者们的特质，并把他们称为“英雄领袖”。我发现，成为“英雄领袖”有两个必要前提：“发展自己，发展他人”和“企业长期发展的使命感”。天赋并不是衡量“英雄领袖”的客观依据，“英雄领袖”也并不是那些总能给人冲击感和责任感的煽情人物；相反，“英雄领袖”不刻意表现自己的为人本质，他们善于通过自己的组织传递潜移默化的气质，并给企业成长带来深远影响。

2003 年年初，思科以知识产权侵权的名义起诉华为。尽管这起诉讼已中止并达成和解，但仍然说明华为已经足以令其国际对手紧张。华为似乎已站在了迈向“价值型企业”的最后几级台阶上。华为总裁任正非是一个敢于自我否定，并把自我否定作为一种领导者关键气质的人。2001 年是华为飞速发展的一年，外界称那段时期是华为的春天。但在春天里，任正非在内部会议上提出，华为要为过冬做准备。这曾被 IT 企业称为行业的盛世危言。正是在他的倡导下，华为人始终没有放松学习。从创业伊始，任正非就有很强的人才资源意识。华为是深圳企业中最早将人才作为战略性资源的企业，华为在发展之初就提出：人才是第一资源，是企业最重要的资本，人力资本优先于财务资本增长。

真正的领导者注重对组织和管理的理解，更注重组织和管理对人才能力发挥的作用，通过不断学习和持续改进提高组织能力。为将来培养技能和人才，创造一个不断学习的组织，正是他们的出发点。一方面，建立人与人之间可相互学习的途径，鼓励相互指导、相互帮助和学习；另一方面，投入时间及精力为组织未来的经营培养技能。他们不会局限于达到目前的目标，而是将视野放大到未来目标所需要的能力上，并创造条件帮助员工去获得这些决定未来的能力。他们不断努力提高组织内成员的能力，善于学习他人（或竞争对手）的经验，寻求对完善自我有利的外部挑战；同时推进创新精神以求发展，激发个人的好奇心和不断学习的欲望。

对于一个能够持续增长的企业而言，“领导力”是至关重要的因素。

拉姆·查兰认为：深刻和持久的变革只能来自于对遗传密码的根本性再造，重构遗传密码像制定企业的增长战略一样重要。事实上，对企业遗传密码的再造也是增长战略的一部分，因为它决定企业战略的内容，同时决定企业战略能否有效执行。改变遗传密码是领导者面临的主要挑战，新的遗传密码必须通过那些致力于改革组织的领导者有意识的创立才能产生。

当亚历克斯·特罗特曼启动他的重塑福特计划的时候，他把精力集中在构建“领导力”上。他的目标是在企业所有层次上，任命那些可以改变员工的信念，让他们摆脱企业原有信仰的领导者，那些领导者还要有能力将新的信念传播到整个组织中。福特汽车运营部的总裁负责培训他所在组织中的200位顶级领导者，培训需要达成的目标是让这些领导者以全新的角度来思考企业的增长和为股东创造价值。此外，他们还需要轮流培训职位低于他们的5000位经理。1998年，福特企业的1000位顶级领导者要对全部53 000名员工的培训负责，要把他们的思想和价值观灌输给企业的所有员工。

诺埃尔·提切在其《领导力引擎》一书中指出：“成功企业之所以成功，是因为它们拥有优秀的领导者，这些领导者指导组织中所有层次其他领导者的成长。”

共性五：价值链优势

“我要在竞争中取胜”“我必须追求我的目标市场”“同行是我的竞争对手”。这些看似正确的观点却掩盖着非常大的错误，反映在市场上就是我们没能看到可以持续存活的企业，没能看到忠诚的顾客群体，没能看到顾客价值的创新，更加看不到企业真正的竞争力。中国企业拥有今天的成就和地位，确切地讲是“命”好，而不是企业的自身能力，是市场实在是太宽容、太巨大。

但是，企业需要的是真正可以满足市场要求的能力。因此，我们需要好好理解“什么才是当今企业的战略出发点”这个问题。当今企业的战略出发点是共享价值链。如果我们不明白价值链是今天竞争的基础，战略不能够以价值链为出发点，那么市场将会淘汰我们。正像以可口可乐为代表的成功企业的做法一样，我们需要从思维方式上做根本的转变，我在很多场合下坚持：一定要记住其他同行不是我们的对手，从某种意义上讲，它们是我们的合作伙伴，都正在逐渐扩展产品的使用范围；我们必须致力于我们的服务对顾客价值的贡献，必须致力于是否能够带动业绩成长的营销服务；我们应该知道服务营销的目的是创造价值分享的可能；我们要有能力完成始终如一的交付水平；在从产品设计、生产到销售、分销和定价这一完整的业务流程中，企业必须能够关注在产品交付过程中的价值实现。

最近几年，大家对价值型大型企业的兴趣越来越浓，越来越多的人开始关注《财富》500强的每年最新排名。很多人问我：20年后中国会有多少企业可以进入世界500强？每个企业都希望能够迅速提高经营规模，似乎销售额越大，竞争力就越强，离500强就越近。但是，这是一个非常误导思路的想法，问题的关键不是规模多大，而是规模从哪里来。

沃尔玛在最近几年里，一直是世界500强的首位，人们在分析它成功原因的时候，多是从战略和业态创新上来下结论。事实上，一个零售企业在规模方面的真正实力，取决于其在一个相对封闭的市场中所占的某一类产品的市场份额。相对于3100亿美元的数据而言，沃尔玛真正让业界动心的是这样一组数据：宝洁、可口可乐、卡夫等企业的产品，超过10%是通过沃尔玛销售的；全美国儿童的圣诞节玩具超过30%是从沃尔玛购买的，数以万计的消费品生产企业唯一的客户就是沃尔玛，沃尔玛所代表的正是消费者和供应商的依赖，这就是沃尔玛成功的关键。

因此，对于企业而言，只有把分享价值作为自己战略的出发点，不断地超越自己，才能够真正地服务目标顾客，也才真正具有竞争力，才能够回到经营的根本目的上，即为顾客创造价值。

共性六：全球化能力

最近几年，我被追问的最多的问题是“中国企业会很快成为全球性的企业吗？”当《世界是平的》这本书在中国流行的时候，人们同样也把视线拓展到中国和印度的比较当中；从2006年开始的欧盟、北美等地区市场对中国产品所采取的策略中，我们不得不承认，不管中国企业是否具有全球化的能力，全球化已经成为企业面临的基本环境。

在信息技术的驱动下，全球化的速度越来越快，中国企业正面临着全球化所带来的巨大挑战，它们在几乎没有一点儿自由贸易市场竞争经验的前提下，进入了世界贸易组织；它们在自己还没有成年的时候，就不得不接受已经成为壮年的跨国企业的所有挑战。也许正是因为这样的背景，中国企业的全球化进程充满了艰辛和痛苦：联想、华为、TCL、美的、海尔、用友等，一大批中国企业不断地尝试、努力、学习、抗争，但是直到现在，全球化成功的幸运光芒仍然若隐若现。

记得2004年我到美国拜访美国的一些企业同行，美国联合饲料总裁问我：“为什么我们美国企业的成长夹角范围只有几度，而中国企业的成长夹角范围可以超过90°？”我也在思考这个问题，如果增长可以作为企业能力的一个业绩体现指标的话，似乎中国企业的增长速度是足够的，但是为什么我还是觉得不踏实呢？原因是，中国企业的高速增长是中国市场增长的结果，而非企业实力提升的结果。由于时间、环境因素，由于国家保护政策，在中国市场还没有完全放开的时候，在跨国企业还没有完全理解中国消费者的时候，我们所获得的短期增长也只能归结为大环境所带来的运气。

今天，毫无疑问，世界500强企业把中国视为最大的机遇，它们早已做好了全面进入的准备，试图在这里获取全球市场份额的里程碑式的胜利。无论是诺基亚、三星还是沃尔玛、宝洁，或是更具代表性的大众汽车和通用汽车，这些跨国企业正是因为在中国市场的成功，才获得了全球市场的成功。中国市场已不再是专属于中国企业的本土市场，它已经是世界市场的一个重要组成部分。

所以，中国企业因为高速的市场发展所带来的一切成功，我们都要学会适时放下，我们更需要沉静下来思考：在战略上我们做了什么，没有做什么？我们应当用全球化标准来判断企业所需面对的问题，看看沃尔玛的全球供应链效应，微软实现顾客价值的能力，宝洁对于所有消费者和市场细分的深刻理解，也许中国企业通过这些更容易明白什么是全球化能力。

我常常引用达尔文在《物种起源》一书中的一段话："不是那些最庞大的物种能存活，也不是最聪明的，而是那些最能适应变化的。"全球化能力就是我们必须适应变化环境的变化能力。

共性七：拥有竞争力的产品与技术

我不太记得是在哪里看到这句话，但是我很清楚这是给我极大触动的一句话。这句话是这样产生的，有人问迈克尔·波特："亚洲跨国企业与全球跨国企业有什么不同？"他回答说："亚洲跨国企业比较关心钱从哪里来，钱到哪里去；全球跨国企业比较关心产品从哪里来，产品给谁用。"

自20世纪70年代起，英特尔公司的核心能力一直是生产最有效存储器的技术和能力。但是，到了1984年，日本人用质量更好同时更便宜的产品替代了格鲁夫的企业所生产的产品。1985年，安迪·格鲁夫和公司的共同创始人戈登·摩尔做出了一个激进的决定，抛弃他们当时已经建立并运作起来的运营战略，转而集中于微处理器的开发和生产。那是一个艰难而痛苦的决定，正像格鲁夫讲述的："在我们所有人的头脑里，英特尔完全等同于存储器，我们怎么能丢了我们的身份呢？"但是，一天下午，当格鲁夫和摩尔（后来成了英特尔企业的首席执行官）讨论公司进退维谷的困境时，格鲁夫问："如果我们被赶出了公司，而董事会又派一个新的首席执行官来，你认为他会做什么呢？”摩尔毫不犹豫地说：“他会把我们带出存储器业。”格鲁夫说：“你和我为什么不走到门外之后再回来呢？为什么我们不自己干呢？”就这样，格鲁夫和摩尔让英特尔公司拥有了微处理器这个产品，而英特尔公司也因此获得了新生。

三星与中国企业成长的时间和所具有的条件，有很多相像的地方。1993 年的李健熙以“除了妻儿，一切皆变”为理念开始了 10 年的改革之路和铸造品牌之路，三星发展的这 10 年正好也是中国家电企业快速发展的 10 年，但是 10 年后的三星成为具有 108 亿美元的全球电子行业第一品牌，而我们仍然在国内市场中激烈竞争，仍陷于无力进入全球市场的困境。三星的 10 年路，让我们不得不思考企业如何走出代工方的困境，如何获得企业自身的真正价值，这也让我们认真思考什么样的企业才能够摆脱陷入困境的命运。

如果比较三星和海尔，我们认为海尔还有很大差距，虽然海尔生活在一个庞大的市场当中。究竟是什么元素让中国企业无法成为布局者而只能够在竞争中苦苦挣扎？也许很多人会从不同的角度来回答这个问题，但是我们总是会找到一个关键元素，因为这个元素改变着根本格局，这个元素就是“产品”。产品对于企业而言，既是企业进入市场的前提条件，又是企业存活于市场的根本原因；如果没有产品，企业就没有了与顾客交流的平台，没有产品，企业也就没有了在市场中存在的理由。我们判断企业是否具有生存理由时，排在第一位的理由就是：企业能够提供产品（服务），因此能够带领企业冲出竞争的第一个选择方向，就是专注于产品生命力。

共性八：资本结构的治理能力

只有伟大的董事会才能造就伟大的企业。董事会的权力结构在 100 多年的时间里经历了三次大的变化。最初，是那些创业家族掌握着具有决定意义的股份并控制董事会，它们的名字为所有人所熟悉：洛克菲勒、摩根等。

20 世纪初期，特别是 30 年代以后，由于《反垄断法》的作用和家族繁衍造成的权力分散，垄断家族的权力大大削弱；股票的大量上市则把企业所有权分散给几万甚至几十万人持有，谁也不能投出决定意义的一票，结果，一个新的专业管理人员阶层，虽然几乎不拥有企业的所有权，却控制着企业，执掌企业的大权。他们是美国真正的实权派，他们带来知识、经验和稳定，同时也建立了复杂的官僚结构。这些专业管理人员建立的王国几乎持续了近一个世纪，如果以 20 年代通用汽车董事长斯隆的成功为开始的标志，那么 90 年代克莱斯勒汽车董事长亚柯卡下台则标志着这个时代的结束。

现在，大企业的资本结构正重新被一些资本集团所控制，这些资本集团被称为“共同基金”。也许“共同基金”并不谋求控制，它们推翻国王的目的是给董事会吹进民主的新风。一方面，它们让继任者看到，再像国王一般做事是不行的；另一方面，董事会中设计的功能和机构也重新活跃起来。

董事会的组成原则发生了根本改变，一部分董事由拥有的股份决定，另外一部分董事由其他企业的企业经营者和大学教授担任。所以，整个董事会实际上是个专家集团，在这里起决定意义的不是资本和股份，而是知识、信息和经验，这些无形资产的拥有者成了企业的决策人。看看一些成功的董事会构成，各企业内聘董事和外聘董事的比例是：美国运通 2∶14，英特尔 4∶7；可见外聘董事在董事会中占绝对优势。正是这样的结构，保证了企业的决策理性。

以上是我认为价值型企业所应具有的八个共同特质，只有具备了这样的共同特质才是可以冠以“冠军”之称的价值型企业。

价值型企业核心能力

价值型企业的发展来自于全球规模、国际化经营以及其核心能力。中国企业在整个发展历程当中如何在未来构建自己的核心能力？这也是在中国企业面临的挑战。在较长时间内保持国际竞争力的价值型企业需要在核心价值观的指导下具备以下五种能力。

1. 价值观

对于公司而言，价值观是一种既抽象又具体的核心差距。价值型企业在企业价值观方面具备两个突出特征：一是企业的价值观作为核心的行为规范，直接指导并决定企业的决策结果和日常经营行为，引导企业的行为和员工的行为；二是企业的价值观是企业在经营中长期坚守的理念，很少随经营者的变动而任意改变，价值观受到长期的尊重。

许多中国企业的价值观的体现，仅仅停留在口号和板报上，对价值观的描述很漂亮，但对企业的行为没有任何实际的指导意义，甚至具体的实践与价值观相悖离；有些企业的价值观是万花筒，各任领导有不同的偏好，行为道德标准和企业文化内涵则随管理层的变动频繁摇摆。

2. 战略管理能力

战略管理能力决定一家企业能否成为百年老店。企业战略管理能力，关系到企业对未来的提前预判。价值型企业在这方面的突出特点是：企业战略的制定是严密分析外部环境和企业能力后的慎重选择；企业战略的制定、分解和执行能够动态地运行，有严密的管理体系保障；企业战略一旦制定，在 3～5 年及更长的时间内保持相对稳定，能够直接指导企业经营决策。

一些中国企业，在战略管理能力方面尚存在下述问题：战略的制定缺少科学的分析，对企业能力和环境变化估计不足，在快速变化的环境中找不到有效的战略对策；企业战略的制定多数是领导主观意图的体现，战略描述雷同，缺少战略实施的方法，战略目标与战略实施脱节；企业战略善变，战略目标和经营决策时常发生偏差和背离，实质上变成了空谈。

3. 计划控制力

计划控制力的差距是能否长期保证企业目标实现的差距。在战略实施阶段，需要强有力的管理体系保障企业经营发展目标的实现。研究发现，在这个阶段，体现企业竞争力差距的指标是企业的计划控制力。价值型企业在计划控制方面，体现出的共性特征包括：可以在企业的范围内有效地将战略目标进行分解和传导，并层层落实到各级经营主体；计划、预算体系细致全面，预测准确，体系完备，能有效指导经营活动；严格按计划、预算体系执行经营活动，能够迅速发现经营偏差，并及时对各层次业务行为进行纠正。

中国企业在计划控制力方面，与价值型企业间的差距突出表现在：战略目标与计划系统脱节，计划难以反映战略思想，无法保证战略有效实施；集团的计划、预算体系难以形成统一的整体，预测不准确，计划粗，偏差大，缺少完整的管理系统；很多计划的制订是为了完成任务做给上级看的，不是业务执行的依据，无法作为监督业务执行的依据。

4. 组织适应力

组织适应力是保证企业组织不断延长生命周期的能力。研究说明，企业组织对环境的适应能力，对变化的适应能力，对战略的适应能力，是保证企业不断延长生命周期的核心要素。企业这些适应能力的强弱将在很大程度上影响企业集团的长期发展。价值型企业在这项能力方面，表现出的特征是：可以在企业发展的不同阶段，迅速地发现组织对环境和发展的不适应；能够有力地从集团整体上推动变革工作，使变革的观念深入人心，成为常态；保证组织机体通过变革不断更新。

在这方面，中国企业的差距表现在：缺少危机意识，容易自我满足、自大，不能主动地提前发现潜在的危机；企业内没有变革意识，难以调整既有的利益格局，集团推动变革的能力不足；企业在发展到一定阶段后，由于缺少变革而停步不前，或者走下坡路。

5. 组织创新力

人力资源是企业的第一资源，企业的差距从长期来讲是人力资源的差距，而人力资源对企业发展的贡献，核心表现在对组织创新力的贡献，因而认为组织的创新力，也将构成企业长期发展的影响因素。价值型企业在这个方面，有以下共同的特点：可以有效地激励各层次人才，不断提高组织各层的创新能力；能够系统地开发培养人才，能够不断培养出中高级人才管理企业；实施战略性人力资源管理，能够有效地保证对集团发展的支持。

中国企业在这个方面，也表现出显著差距：人力资源管理传统的惯性制约了企业战略发展和管理创新；人力资源管理背负了政治和社会的职能，制约企业长期发展；人力资源管理体系尚未健全，人才开发的机制不完备；中高级人才的开发培养不足，核心人才的识别、评估、开发体系不系统。

价值战略

罗伯特 A. 伯格曼（Robert A. Burgelman）告诫我们：“战略控制命运。”成功的战略和不成功的战略都决定着企业的命运，新的战略资源为未来命运造就可能性，有助于企业的发展，战略作为取得和维持对一家企业现在和未来命运控制的手段，成为贯穿成功企业演进历程的主线。

从狭义上讲，战略包括资源利用、目标实现以及获得竞争优势；而从更广泛的意义上讲，战略还涉及理性地确定一家企业的重大利益及其目标选择。因此，战略涉及那些对企业命运产生根本性影响的内部和外部的力量。

因而，战略需要具有前瞻性。从这个意义上讲，战略具有思维和思想特征，战略需要在极其复杂的情况中做出判断和选择。今天的企业正处在一个急剧变化的环境中，更加需要具有预见性的战略思想，需要企业领导者能够为企业获得持续生存的能力做出选择。

毫无疑问，你必须首先制定战略。

——阿德里安·斯莱沃兹基

03

第3章

谁能走得更远

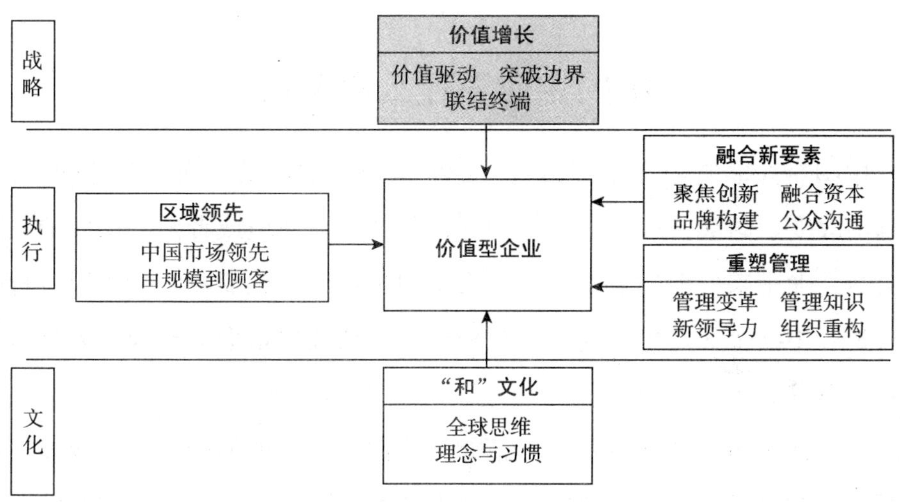

未雨绸缪、循序渐进的国际化战略是中国企业成功走向海外的基石。在国际化模式上，中国企业更多地选择“稳步积累式”的发展模式。而国际化是一个系统工程，必须创造多种竞争优势，整体推进。

将产品销售得更远意味着，产品的功能和设计必须是在了解最终客户基础上的创新。为达到将产品销售得更远的目标，中国企业开始从过去的低成本竞争转向技术创新和文化创新。30 年来，中国企业在全球创造的第一个成果是制造了让用户使用具有高度依赖性的简易成本产品，今天，中国企业更加需要让全球消费者清楚地理解：

- 我们会销售什么样的商品
- 我们如何控制产品的质量
- 我们的产品是如何生产的
- 我们是如何对待本国和海外市场的员工的
- 我们为当地市场带来了怎样的价值

换句话说，只有当企业的战略逻辑与全球市场价值相契合的时候，中国企业才可能走得更远一些。

中国企业为什么走不远

中国企业非常容易受到影响，企业家个人的危机、自然条件的变化、资源的改变、国际市场的风吹草动等，各种外部环境或者内部条件的改变就会给企业带来致命的危机。为什么中国企业这样脆弱呢？一个很奇特的评价是：中国企业是内战内行外战外行。遇到外战市场的时候，为什么中国企业总是被频频打击？

那些无论市场如何变化、行情如何起伏、时间如何推移、地域如何差异都能够推进自己前进的企业被称之为“鹰企”，“鹰企”依据自身的能力超越了环境和变化。2006 年的 TCL 在欧洲市场、全球化进程、内部文化和组织、技术、人才等问题上遇到了挑战，8 月 12 日李东生发表新的宣言，带领 TCL 开始“鹰的重生”。这是 TCL 面对 2006 年企业遭遇竞争环境挑战的自我变革之举；当一个行业领先的企业开始出现亏损的时候，内部自身原因成为企业领导者必须面对的首要问题。

企业需要面对的问题实在是太多了，如果需要企业能够不断地存活下去，企业就必须回答凭什么活下去这个问题。事实上，企业多大、企业赚多少钱、企业可以解决多少就业、企业是否具备品牌等，都是企业经营的结果，是企业运营的外化表现。如果说是因为企业不够强大而无法抵抗风险，我认为这个假设本身就是无法回答的问题，我们还是要回到企业凭什么存活下去这个根本问题上来思考，这个层面就是企业战略。

人们认为成功企业都是源于它们创造性地开辟了新的商业领域。其实成功企业的奇迹都是源于创新能力的发挥，这些创新会依赖于技术、资金、人才等，但是最重要的是人才、技术和资金需要转化为创新的成果，而能够转化出创新成果则是依赖于企业所具有的明确的战略逻辑。中国企业缺失的恰恰就是战略逻辑。绝大多数中国企业所做的努力都是管理的努力而不是战略的努力。这些企业追求的是解决问题，而解决问题是管理思考而非战略思考。对于一个企业来说，解决问题应该是第二位的，第一位应当是选择做什么和不做什么，也就是回答战略的问题，先回到战略思维方式上，之后再落到管理理念上解决问题。因此，中国企业之所以走不远的根本问题仍然在企业战略问题上。

战略思维与管理理念有着根本的区别

战略本身就意味着做出艰难的抉择，选择那些有利的事情；而管理则是那些你不必做选择的事情，它事关各种业务的处理方式。战略思维就是这样一种思考方式，它需要确认什么才是最重要的，确认最后所选择的方向能够回答最初确定的目标，所以战略思维是用如下逻辑展开的：首先需要回答问题 1：你想做什么？这个问题实际上就是企业确定的目标。接着需要思考问题 2：凭借什么？这个问题就是需要了解企业实现第一个问题的目标应当具备什么必需条件，企业所具备的必需条件是这个企业实现目标的基础。接着思考问题 3：你拥有什么？相对于第二个问题而言，企业需要进一步了解自己的能力和资源，明确自己的相对优势。除了已拥有的能力和资源外，企业还需要面对问题 4：你还缺什么？这个问题是回答企业相对于第二个问题即必需条件而欠缺的部分。最关键的是问题 5：你要干些什么？当企业清楚地知道自己欠缺的是什么时，它就能够做出选择并决定最关键的是做什么，而这个最关键的是做什么的选择就是战略选择。所以，战略思维不是解决企业当前问题的，而是解决企业目标所带来的选择问题。

相对于战略思维来说，管理理念反映的是另外一个角度：企业在遇到问题时都需要找到解决的办法；企业经营过程中处理各类问题而形成管理，管理没有对错，只有面对问题、解决问题。因此，不管遇到什么问题，处于管理的位置就要去解决，并不需要关注这个问题本身，但是很多人以为解决问题就是做了战略选择，这是错误的。战略思维会让企业关心企业存活的依据，有能力更清楚地界定盈利来源，更明白自己能够做什么不能够做什么。

战略思维就是选择不做什么

到了 1984 年，外部环境的变化以及英特尔公司内部环境所遭遇的种种挫折使得 DRAM（动态随机存取存储器）这一产品面临着巨大的危机，英特尔公司发现它很难对外部环境的变化做出有效的回应。1984 年 11 月，英特尔公司的管理层清楚地预见到公司应该依靠生产微处理器来实现其未来的发展，因此决定退出 DRAM 这一领域。对于英特尔公司来说，做出这一决定是非常艰难的，因为 DRAM 是公司 15 年前发明的具有绝对竞争力的产品，即便是在 1984 年这个产品依然是公司的技术驱动器。但是，当公司发现该产品无法回应市场变化的时候，毅然决定放弃，并将这一市场让给为数不多的其他日本企业和美国的竞争者。在接下来的 10 个月的时间里，众多中层经理人员处于制定并实施由 1984 年 11 月做出的退出 DRAM 市场的决定所引发的一系列决策中，包括在保持客户对公司信任的同时，重新部署公司资源（包括技术、工艺和制造能力）。

1987 年，英特尔公司的一个小型工作小组（元件小组）为了获得为英特尔提供转销和内部自用的DRAM的供货渠道，与三星公司开展合作，到了1989年，这个元件小组通过销售三星公司提供的DRAM获得了大约1亿美元的利润，而英特尔公司也再一次可以为那些想要一次性购全所需元件及想要获得英特尔的质量及可靠性保障的客户提供服务了。

安迪·格鲁夫在英特尔公司的内部分析会上将DRAM描述成英特尔公司的一个完全成功的产品，他认为DRAM业务支撑了英特尔公司10多年，为公司开发了很多资源，在最需要的时候可以在英特尔公司内重新进行资源配置。更重要的是，DRAM是英特尔公司在正确的时间选择了退出的产品。正是这个选择，让英特尔公司明确了和变化市场的关系，也学会了如何创新地整合外部资源。

战略需要根植于环境来做选择和判断，战略需要保证企业能够顺应环境的趋势。企业与环境是互为主体的，如果企业不能够顺应环境的变化、不能够与环境互动，企业就不可能具有竞争力，正是因为每一次对于环境变化的深刻理解，英特尔公司才始终保持了领先位置。

所以，中国企业不要急着解决问题，更应该先回答企业到底要做什么。30年中国经济和中国企业的神速发展掩盖了中国企业战略能力的缺失，这是一个最为关键的问题。当我们的增长可能来源于市场本身巨大需求的时候，中国企业不要急于追赶世界500强，也不要急于开始价值型企业的梦想里程；不要以为有了2000亿元的销售额就是世界强者之一，毕竟在战略上中国企业并没有做出什么选择。

价值链共享是价值战略的出发点

如果中国企业不明白价值链是今天竞争的基础，战略不能够以价值链为出发点，那么市场将会淘汰我们。全球化的趋势给企业带来了许多新的商机，同时也引发了残酷的世界性竞争，从家电业到金融业，全球各大企业无一例外。然而一旦投入到这场洪流中，许多企业就会发现自己如果没有本地合作伙伴和全球性合作伙伴，就无法参与竞争。

事实上，赢取未来的竞争具有三个特点，它们决定了今天的战略需要以价值链共享作为出发点。第一个特点是信息时代许多重大商机都要求融合各种技术和资源，现在很少有公司能够独家拥有所有的技术和资源；第二个特点是网络技术导致企业不再是在垂直整合的体系上发展，而是在一个扁平化的网络上发展，这就要求企业能够提供强大的网络解决方案，而能够提供这样的解决方案的企业也必须是一个能够与网络结合的企业而非独立的个体；第三个特点是信息时代的不确定性成为常态，面对不确定性也是企业必须具有的能力，而价值链共享正是解决不确定性的最佳途径，经由价值链成员的优势互补来解决问题。

选择价值链共享，可以让企业更快速地拥有成功所需要的各种资源。在 20 世纪 90 年代初期，摩托罗拉公司环绕地球部署 66 颗低轨道卫星，突破地面蜂窝电话网络的局限性，实现跳跃式发展，超越竞争对手。为了完成这一雄心勃勃的项目，摩托罗拉公司需要资金、运营权和互补的技术能力（特别是空间技术）。为此，它构建了由 17 个持股伙伴构成的异常优越的价值链，其中既有当地的国家电信公司（必须消除它担心绕过其基础设施和通信费收取换届的担忧），又包括雷神、洛克希德·马丁（Lockheed Martin）、Krunichev 公司（俄罗斯运载火箭供应商）、中国长城公司和 Nippon Iridium 公司（本身就是由 18 个日本伙伴构成的联盟）等一批行业合作伙伴。价值链包括这些伙伴的目的很明确，就是为了涵盖从地面通信到宇宙通信所固有的各种非常复杂的技术。1997 年这个计划实施时，摩托罗拉就开始向全球提供无线通信服务，投资 34 亿美元的目的是为了满足全球“高端”旅行者的主要需求。

我们把共享价值链作为今天战略的出发点，就是要确定整个价值链所有成员能够表现出更宽泛的总体价值。因为产品价值界定，产品直接使用的差异化营销，价值分享的可能性都来源于所有成员对价值的把握，都来源于价值链成员对于终端顾客价值的理解。

价值增长驱动企业远行

企业增长作为首要考虑的问题，应建立在核心业务的基础上。如果说以往的增长是基于市场需求整体的增长，那么中国企业在这个过程中虽然普遍得以成长但有更多企业在发展进程中夭折就是非常正常的现象，因为依赖于市场自然增长带来的企业成长会有停滞的时候，只有建立在核心业务基础上的成长才能带来企业的持续成长，具有这种成长能力的企业才可以走得更远。

具有核心业务基础的企业需要具备以下一些特征：市场份额领先；盈利能力较强；具有较强的抗竞争能力；提高企业综合业绩的财务能力和稳固的财务基础。这四个特征是很多企业和研究学者公认的表征，但是想成为具有这四个特征的企业却不是一件容易的事情。因为从市场份额领先的角度看，需要企业有能力理解市场、理解顾客的价值。从盈利能力的角度看，需要企业具有提升附加价值的能力，具有满足顾客需求的独特能力。从具有抗竞争能力的层面，则更需要企业能够离开竞争，重新定义产品、顾客和价值。而从稳定财务结构、综合能力突出的角度，对企业的要求更高，需要企业整个系统有能力实现所有的市场需求。这四个维度所界定的企业核心能力可以用一个概念来描述：价值增长。

价值增长是企业内在的增长

事实和数据都证明，30多年中国企业的发展更多的是来源于该时期中国市场需求的持续剧增，是市场容量的自然增长所带来的繁荣，这表明中国企业的发展并不是内在能力的发展，而是外部环境所提供的充裕条件直接所致。如果企业发展主要依靠于市场的自然增长，那么这将直接导致企业忽略发展中需要关注的战略方向，而这个方向就是如何满足顾客的需求。简单地说，顾客在获得基本需求满足的时期是不会要求企业关注个性化需求的，而在基础需求得到满足的阶段，企业是否有能力继续满足各类个性化或更宽泛的顾客需求就直接反映企业的发展能力，因为真正的持续发展来源于企业满足顾客价值增长。

什么是真正的商业成功？实质上就是在使顾客满意的同时让企业盈利。这是一个老生常谈的观点，恰恰说出了真理所在；这也是衡量商业成功与否的基本标准。如果以这个标准来界定企业的发展，就可以判断企业增长是否能够带来持续性，就可以判断企业能否集中所有的资源赢得顾客满意度，进而推动企业真正拥有发展的内在动力。人们惊叹微软的发展，而微软持续高速的发展源自让世人不断地享受操作系统带来的变化和乐趣；人们也惊讶于苹果公司最近的再度崛起，这次的迅猛增长体现在苹果公司关注于与顾客之间产生全新的价值体验，苹果公司创造的产品代表了它独有的价值体验，最重要的是这独有的价值获得了消费者认可——只要是苹果公司推出的产品，必然存在其独到的价值体验。苹果公司有效地结合了产品设计与生产技术方面的能力，因而深得业内人士赞赏；同时，苹果公司非常注重用户体验以及产品设计对用户体验的影响，通过技术应用以及与用户及时沟通等方式，有效地实现了完美的增长方式。自 2001 年始，苹果公司在全美开设了体验专卖店，不仅销售产品，更多时候是为消费者提供最直接的产品体验：任何光顾者都可以使用店中摆放的电脑，免费上网、听音乐、看电影、打游戏等，同时欢迎留下使用意见和建议，随着越来越多的消费者更直接、有效、深入地了解苹果公司，体验苹果公司带来的激情享受，进而从情感上接受苹果公司，追随苹果公司不断推陈出新的产品，苹果公司因此获得了根本的内在集聚的迅猛发展。

顾客价值创新是价值增长的根本来源

增长型企业的领导者都是基于明确理解顾客价值需求的，他们不断关注以下几个问题，这些问题使得他们了解激烈的竞争和变化的市场所带来的顾客价值需求：第一，因为市场成熟度的形成和增加，企业必须找到和回答什么是自身发展的驱动因素；第二，因为面临全球竞争，企业必须清晰了解自己的产品（服务）在哪里竞争和如何竞争；第三，因为产业合并的不断加剧和普遍发生，企业必须知道自己需要推出哪一类业务以适应当下的商业环境；第四，因为资源成为竞争的主要要素，企业必须做出明确的判断，应该把重点放在哪个发展机会上；第五，因为新技术不断涌现，企业需要回答怎样使增长和发展持续下去。这些问题已经是今天的企业领导者们必须面对的问题，而解决这些问题的关键共同点就是：顾客价值创新。

Google 的成长让人们感受到更为真切的顾客价值创新带来的变化。Google 拥有清晰、明确的企业使命，那就是“整合全球信息，服务所有用户”。企业活动遵循用户优先的准则，在企业里，“用户”一词多了一层含义，即 Google 的员工也是互联网的用户，Google 的工程师们在研发产品的同时，也能够以最终用户的身份审视和评价产品，这样就做到大多数产品的研发过程都会有最终用户的直接参与和全过程追踪。因此，Google 在用户满意度的调查中，更容易得到较高的认同度。通过 Google，我们知道如何查询信息、如何学习、如何寻找灵感等。它的创造和成功源于在互联网应用的最初期，Google 开拓并实现了网络搜索引擎功能，填补了广大用户尚未意识到的需求空白，由于顾客直接体验到了便利，它立即成为人们日常生活中不可或缺的工具。除了搜索引擎之外，Google 还不断推出“转移固有思维定式”的新产品，包括网络服务（电子邮件系统、即时通信及日程管理）、信息平台（Google 新闻、Google Finance 与地图相关产品），以及电子商务系统（Google Base）等。就这样，Google 以极快的速度从技术、产品、业务模式、地域以及消费群体等方面突破创新，可以用“实时”来形容Google的新产品研发过程，而正是“实时”满足了顾客价值需求，Google借助于“实时”给予顾客的价值成为价值型企业。更重要的是，Google能够实现信息的更精准投递，满足的是营销者的长久期望，随着它的用户数的粘性和数量的增加，Google从本质上已经成为人们生活的一种方式。

顾客价值创新的实现

到这里，或许你已确信价值增长是必需的，更加确信顾客价值创新是实现价值增长的根本途径，我们还需要回答另一个关键的问题：什么是顾客价值创新？对于风靡全球的丰田生产方式，用东京大学的藤本先生的评价：丰田生产方式的强大之处在于暴露问题并不断反复地解决问题。这说明丰田生产方式的实质核心是：追求革新、勇于创新。顾客需求可以是显性的，也可能是隐性的，丰田公司的优势之一在于它能够深知用户的隐性需求，在应对市场现状的同时关注发展趋势，通过产品研发及时推陈出新以满足顾客需求。20世纪七八十年代，丰田汽车以市场可承受的价格提供了可靠的品质保证；20世纪90年代，丰田汽车更侧重于驾驶舒适和外在形象；现在，丰田汽车强调的是行车全面监控。这些围绕着顾客价值所做的努力，使丰田公司一直保持在竞争对手之前推出新理念的产品，“丰田汽车永远是创新生产技术领域的第一名。”所以顾客价值创新的实现，是指洞悉顾客需求和持续创新投入，满足这两个条件才有可能真正实现顾客价值创新。

洞悉顾客需求，并不像人们想象的那么困难，为什么许多中国企业无法做到这一点？根本原因是企业没有真正转变为以顾客为导向的思维方式和管理习惯。许多企业管理者，尤其是高层管理者已经没有机会贴近顾客，就失去了真正了解顾客的途径。华为总裁任正非先生曾经告诫华为高层管理人员，企业高层领导的责任包括三件事：布阵、点兵、与顾客沟通。这也是华为公司得以在激烈的产业竞争中保持领先位置的要素之一。而持续的创新投入需要企业领导者极大的勇气和能力，更需要企业文化所营造的创新氛围，当每个员工都能够自发地关注创新并愿意参与创新时，顾客价值创新就有了基础和保障。记住：顾客是唯一有能力解雇我们所有人的人。

突破边界

1990年，联合国研究机构提出了“知识经济”的概念；1996年，联合国经济合作与发展组织（OECD）明确定义了“以知识为基础的经济”（Knowledge Based Economy），第一次提出了这种新型经济的指标体系和衡量尺度；1996年12月30日，美国《商业周刊》经济编辑小迈克尔·曼德尔在《商业周刊》上发表了一组文章，首次提出“新经济”的概念，他认为一种新型经济已经形成，并认为其主要动力是信息技术革命和经济全球化浪潮。

随着信息技术的广泛应用和国际经济贸易体系的不断完善，产品生产在地理上的概念将基本消失，资金流动与产品流通在世界范围内变得更加容易和方便，全球经济信息的瞬时沟通，使得世界经济融为一体，因此，目前企业面临的市场是一个国际化、全球化的大市场。全球化的直接诞生物之一是大型跨国企业或跨国集团在全球范围内的迅猛扩张，并以数量众多、规模庞大的分（子）公司的建立为其具体表现。跨国企业必须进行组织创新，以不断适应自身发展和不断应对多变的外部环境。

在新古典经济理论中，企业被完全当作一个“黑箱子”。企业的唯一功能在于按既定的使企业利润最大化的生产函数进行输入与输出之间的转换。在这一假设下，企业的边界主要由生产中的技术因素决定。当企业依据产品边际成本等于边际收益的原则去组织生产时，它所选择的生产规模是最佳的。而这种理论不需要企业是一种组织，也没有注意到企业内众多的组织问题。

科斯等人将企业视为节约成本的市场替代物的思想对企业边界的界定产生了深远影响，企业存在或扩充取决于成本之间的比较：当企业内部的成本高于市场交易的成本时，企业边界（规模）将趋于缩小乃至消失，即市场替代企业；反之，企业得以存在或扩充边界（规模），即企业替代市场。

罗恩·阿什克纳斯（Ron Ashkenas，1999）从动态环境对企业边界的影响角度考察了企业边界的模糊性。他认为，规模（Size）、角色清晰（Role Clarity）、专门化（Specialization）和控制（Control）是20世纪导致企业成功的几个关键因素，企业外部边界越大，规模经济的优势越明显，其效益就越好。而随着企业竞争环境的日益动态化，传统的成功因素已失去了往日的支配力，动态环境下导致企业成功的关键因素演变为：速度（Speed）、柔性化（Flexibility）、整合（Integration）和创新（Innovation），它们需要企业快速地回应顾客，要求员工不断学习，企业应更多地关注流程而不是专门化的环节。为了有效地应对外部环境的变化，企业组织原有边界必须相应地做出调整与突破，企业间的边界变得越来越模糊。所以，在传统企业中，适应静态环境的要求，企业的边界是明确而固定的，而在动态环境中，企业的边界不可避免地随着企业环境的变化而变化，企业的边界明显地显现出模糊化的趋势。他还认为新型组织——“无边界组织”像一个活生生的有机体，其边界既具有渗透性又具有紧凑性，它的结构不是固定地随着时间的推移，而是随时都有可能发生改变。

可以这样说，随着技术和环境的不断变化，企业组织需要面对的不再是一个确定的状态，不再具有静态的条件，也不再可以封闭的、自我的发展。所有的企业组织都需要不断地打破自己的边界，让自己的组织边界具有更强大的穿透力，具有更好的柔性和模糊性，这样的开放组织，才可以适应如此巨大的环境变化。

企业边界的影响因素

当对企业的功能、组织、生产、契约、产权等进行分析时，人们可以发现这些要素可以分为两大类：生产性要素和组织性要素。前者明确了企业核心能力大小、生产范围、上下游产品等，可以界定企业的生产可能性边界（可以生产什么、生产的能力大小、生产的异质性等）；后者明确了管理成本、产权分配、契约的完整性等，决定了企业的组织可能性边界（可以拥有多大的机构、采取什么样的组织方式等）。所以，可以从生产要素和组织要素这两个变量来分析这些因素对企业外部边界的影响。

借用古典微观经济学 IS-LM 曲线分析方法可以把生产可能性边界和组织可能性边界映射到同一象限，进而可以在图 3-1 中得出一个结论：企业的生产可能性边界和组织可能性边界的交点就是企业的最优外部边界。

企业的规模和边界属于同一个问题的不同表达。例如，企业的生产规模扩大可以理解为企业的生产可能性边界得到扩展。为直观起见，在图 3-1 中我们将横坐标表示为边界。L_1 表示组织可能性边界，L_2 表示生产可能性边界。

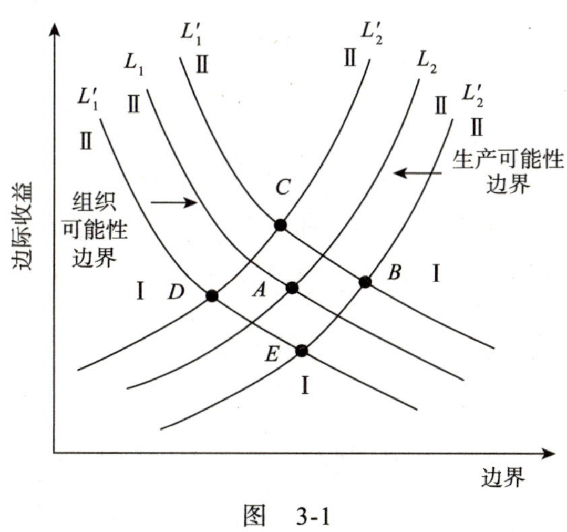

图 3-1

下面分别讨论企业处于不同象限时企业外部边界变化的情况，在图 3-1 中，*A* 点表示公司原有的组织边界状态。

第一象限　企业边际生产收益和边际组织收益均比较大，因而企业为追求更大的收益，有极强的欲望将生产和组织可能性边界向右推移，从而形成新的交点 *B*，企业的外部边界向外扩展。属于这一类的企业比较典型的代表是处于高速成长的新兴企业，它们一方面不断地进行兼并，进行横向一体化；另一方面大量收购上、下游企业，进行纵向一体化。

以冠群电脑（CA）公司为例。CA 是全球最大的 IT 管理软件公司之一，专注于为企业进行信息整合和提供简化的 IT 管理。CA 创建于 1976 年，总部位于美国纽约长岛，服务于全球 140 多个国家的客户。经过 70 多次兼并，CA 公司从只有创立时的 4 人规模，在短短 24 年内，迅速发展成为仅次于微软的全球第二大软件企业。

第二象限　企业的边际组织收益较大而边际生产收益较低，这样的企业出于理性的考虑会将一部分生产剥离出去，部分产品采取外购的形式，企业保持核心能力，生产更加专业化，企业生产规模相对变小。但是由于企业边际组织收益较大，企业有向外扩展组织可能性边界的动机，因而企业会以自己为核心企业，向外输出资金、管理，超越原有的组织边界，干预到交易方的生产管理过程。常见的模式有虚拟企业、战略联盟等。从图 3-1 中看，原有的平衡点 *A* 被新的平衡点 *C* 所代替。企业外部边界是内缩还是外扩要取决于生产可能性边界和组织可能性边界各自变化的幅度。耐克公司是这方面的典型例子，耐克公司将 97% 的制造业务进行外包，它的生产可能性边界很小。但是，耐克具有非常优秀的研发水平、品牌管理能力和资金运作能力，可以将自己的组织可能性边界进行最大限度的扩展，事实上耐克也是这么做的。

第三象限　企业的边际组织收益和边际生产收益都比较低，企业处于非常不利的位置。在这种情况下，企业要么收缩生产可能性边界，要么收缩组织可能性边界，或者同时收缩两者来提高企业的收益水平。企业常见的做法有大幅裁员和资产剥离。从图 3-1 可见，原来的平衡点为新的平衡点 *D* 所取代，企业的边界变小。截至 2004 年，IBM 企业 PC 业务连续 3 年亏损，亏损额高到 80 亿美元，PC 业务的亏损严重阻碍了企业专业服务、软件等其他有利可图的业务的发展，19 000 名从事 PC 业务的员工也成了 IBM 沉重的负担。同年，IBM 决定将 PC 业务卖给联想。2005 年第三季度，IBM 企业的利润超过了金融分析师的预期，盈利的主要原因之一，正是剥离了长期困扰 IBM 的 PC 业务。

第四象限 企业的边际生产收益大而边际组织收益小，这意味着企业的经营管理不善，机构设置不当、管理冗余等。企业有可能进行重组、重新设置组织架构、精简管理人员、去除管理冗余，或者进行合并，如历史上手工作坊网络向联合工厂的转变等，也有可能将生产可能性边界外扩，以消化较高的组织成本，获得好的组织收益。从对图 3-1 的分析可知，新的平衡点 *E* 取代了 *A*，企业的外部组织边界发生了变化。典型的例子是中国民航重组。由于多年来中国民航政企不分、冗员严重、效率低下，给民航企业带来了巨大的组织成本，一直影响着中国民航的发展。2001 年 11 月，国务院办公厅发文，宣布由国家计委牵头进行中国民航重组；2002 年 10 月，中国民航完成重组，由原先众多诸侯分割整合形成了中国国际航空等六大中国航空集团。中国民航重组意味着企业在面临低边际组织收益（高边际组织成本）的情况下，必须对其外部边界进行收缩调整。

影响企业边界的四种情况如表 3-1 所示，此表还列出企业边界所受到的影响以及企业应该选择的对策。

表 3-1

象限	边际生产收益	边际组织收益	企业对策	企业外部组织边界变化
I	高	高	横向一体化 纵向一体化	边界扩展

（续）

象限	边际生产收益	边际组织收益	企业对策	企业外部组织边界变化
Ⅱ	低	高	业务剥离 外购	组织可能性边界扩大 生产可能性边界缩小
Ⅲ	低	低	裁员 资产剥离	边界缩小
Ⅳ	高	低	重组 业务扩展	组织可能性边界缩小 生产可能性边界扩展

企业边界管理

首先，企业边界管理要理解企业外部边界的清晰性——模糊性维度。传统企业面对的市场环境是相对静止而稳定的，环境的特点决定了规模、角色清晰、专门化和控制是传统企业取胜的关键因素。企业有非常明确、单一的目标，知道该做什么与怎么去做；与其他企业相比亦具有独特性与显著性。企业与企业、企业与市场具有明显的异质性，按照系统论的观点，其边界也是非常清晰的。然而现代企业面对的是瞬息万变的市场环境，同时企业与市场之间简单的二分法被打破，大量介于市场与企业之间的中间组织模式出现，企业与企业之间互相合作、渗透，你中有我、我中有你，以至于在今天要清晰描绘出一条科斯所说的企业外部边界简直是不可能的。由此可以得出结论：企业外部组织边界的高模糊性（低清晰性）有助于企业迅速获取外部的资源，是适应瞬息万变的外部环境的需要，也是瞬息万变的外部环境所导致的结果。

其次，需要了解企业外部边界的稳定性－动态可变性维度。在知识经济时代，社会、科学、技术的迅速发展使企业所面临的外部环境越来越体现出迈克尔·哈默和詹姆斯·钱皮在《企业再造》中提出的“3C”的特点，即 Customer，顾客需求日趋多样化、个性化，顾客选择的范围越来越大；Competition，同业竞争空前激烈；Change，变革无处不在。在实践中，为了适应动态变化的环境，企业必须充分利用内外部的所有资源，提高组织的灵活性和创新能力，才能适应动态的外部环境变化的要求。因此，企业组织的外部边界不断调整，日益有越来越不稳定的趋势。由此得出的结论是：企业外部边界的高动态可变性（低稳定性），要求企业必须提高生产和组织的柔性和弹性，降低企业面临的不确定性和风险。

最后，企业外部边界的不可渗透性 – 可渗透性维度。通常来讲，企业外部边界是企业与供应商、顾客、政府管理机构及社区等外部环境的隔膜，这些隔膜在传统组织中往往泾渭分明，使得一些组织与外部环境之间形成一种内外有别的关系。企业借助隔膜最大限度地保护自己，讨价还价、施加压力、隐瞒信息、互相厮杀等成了必不可少的手段。泾渭分明、消极防御的外部边界造成了企业的高交易成本，阻碍了企业自身的发展。根据热力学的第一定律，孤立的、封闭的系统，最后都要趋于热平衡，迟早会“死亡”，而耗散结构理论认为，系统在与外界环境交换的过程中可以保持“活的”结构，企业持续存在必须具备的前提条件是：充分开放，与外界充分交流能量、物质和信息。因而，现代企业边界是有机的、活性的，除隔绝有害的成分以外，它必须是开放的、可穿透的。由此推论：企业外部边界的高可渗透性是企业获得持续发展、不断创新、适应环境的标志。

终端具有决定性的作用

2006年，世界最佳机场的获得者是新加坡樟宜国际机场。身为亚洲主要的航空中心，特别是在东南亚地区，新加坡樟宜国际机场是“袋鼠航线”主要的中途站，仅是该航线新加坡 – 澳大利亚部分每年就有超过360万名乘客。樟宜国际机场由新加坡民航局（CAAS）营运，同时是新加坡航空、新加坡航空货运、胜安航空、虎航（Tiger Airways）、捷星亚洲航空企业及惠旅航空（Valuair）的基地，也是阿联酋航空、印尼航空和澳大利亚航空的主要停留中心。总的来看，共计有 80 家航空企业运营了 57 个国家的 184 条城市航线，其中也包括了 7 家于 2006 年加入樟宜家族的新航空企业，这些航空企业分别是上海航空货运、埃及航空、宿雾太平洋航空、南非航空、Air India Express、捷星亚洲航空及马达加斯加航空。为什么如此多国家及地区的航空企业、如此多城市航线愿意集聚到新加坡樟宜机场呢？让我们来看看这个机场成功的窍门是什么。

终端的魅力

自 1981 年开始运营以来，樟宜国际机场已因其优异的国际服务的标杆水准而在航空界成名，到 2006 年获得超过 250 个奖项，这种获奖纪录一直是持续保持的，尽管机场本身比同地区的竞争对手要旧一些，但是获奖的还是樟宜机场。樟宜国际机场广为人知的是其效率、友善使用、高水准的顾客服务，更为重要的是，到过樟宜机场的顾客都会愿意再次体验。CAAS 努力为乘客创造一次次愉悦的体验，通过不断地更新新颖独特的设施、人性化服务及各类节日人文活动来提升顾客“樟宜经验”的价值。樟宜国际机场因全面的人性化体验设施获得好评，例如电影院、主题花园、图书馆、游泳池、免费网络端点、大量的购物商场以及休闲的用餐设施。所以，每一次顾客经过樟宜国际机场总是希望逗留的时间长一些。

樟宜国际机场相对于我们中国的很多机场来说，建筑本身会显得有些旧，但是到达这个机场的顾客不会关心这一点，因为它给予顾客的价值体验超出了建筑环境，尤其是满足顾客需求方面所做的努力使它持续不断地超越竞争对手，并一直保持高效的成长和世界中心机场的地位，这就是终端的魅力。

顾客才是终端

全球领先企业侧重的营销模式从原先的 4P-4C 到今天的 4R 发展过程

中，营销模式越来越强调快速反应的顾客需求机制。4P 指的是 Product（产品）、Price（价格）、Place（地点，即分销渠道）和 Promotion（促销）。这一理论认为，如果一个营销组合中包括合适的产品、合适的价格、合适的分销网络和合适的促销策略，那么这将是一个成功的营销组合，企业的营销目标也可以借以实现。可是，随着市场竞争日趋激烈，媒介传播速度越来越快，4P 理论越来越受到挑战。到 20 世纪 80 年代，美国劳特朋针对 4P 存在的问题提出了 4C 营销理论：4C 分别指代 Customer（顾客）、Cost（成本）、Convenience（便利）和 Communication（沟通）。

Customer（顾客）主要指顾客的需求，即企业必须首先了解和研究顾客，根据顾客的需求来提供产品。同时，企业提供的不仅仅是产品和服务，更重要的是由此产生的客户价值（Customer Value）。Cost（成本）不单是企业的生产成本，还包括顾客的购买成本，同时也意味着产品定价的理想情况，应该是既低于顾客的心理价格，亦能够让企业有所盈利。此外，顾客购买成本不仅包括其货币支出，还包括其为此耗费的时间、体力和精力消耗以及购买风险。Convenience（便利），即所谓为顾客提供最大的购物和使用的便利度。4C 理论强调企业在制定分销策略时，要更多地考虑顾客的方便，而不是企业自己方便。要通过好的售前、售中和售后服务来让顾客在购物的同时，更享受到便利，便利是客户价值不可或缺的一部分。 Communication（沟通）则被用以取代 4P 中对应的 Promotion（促销）。4C 认为，企业应通过与顾客进行积极有效的双向沟通，建立基于共同利益的新型企业 / 顾客关系。这不再是企业单向的促销和劝导顾客，而是在双方的沟通中找到能同时实现各自目标的通途。

良好的渠道驱动环境帮助华为成功建立了满足市场及用户需求的商业模式。由于中国通信业经过了十几年的高速发展，网络覆盖率及终端用户数量均实现了大幅的增长，同时伴随着“5+1”电信竞争格局的形成，通信市场的竞争日益白热化。终端用户数的持续增长及新业务的迅速拓展对运营商提出了更高的要求，网络演进与市场开拓密不可分，因此电信运营商迫切需要全面良好的服务来缩短网络建设到提供业务的周期，为最终用户提供更加缜密优质的服务。

华为顺应行业发展趋势，在过去的两三年里适时地进行了调整，推出了一系列贴近客户需求的服务。鉴于电信行业价值链产生了深刻的变化，运营商已经从重视网络建设、依靠网络规模扩张的外延式发展，转向重视市场营销和新业务开发的内涵式发展。国家推动的电信改革也使电信运营从垄断逐步走向了竞争，而运营商之间的竞争加剧，直接使其关注的重点发生了变化。拓展市场、降低成本、提高服务质量等词语成为了今天运营商的 CEO 们使用频率最高的词汇。同时，IT 服务业的市场发展为运营商在价值链中的提升地位和创造新的效益来源提供了难得的发展机遇。电信运营商在业务模式、流程和组织方面正发生着前所未有的变革和调整，正在信息化建设和 IT 服务中极力寻求自身的发展空间。为寻求业务的竞争优势、降低运营成本，运营商需要在成本、规模和专业化方面具有相对优势的合作伙伴。产品仅仅是解决方案和服务的载体，客户最终需要的是满足其业务需求的、从基础设施到应用程序的、端到端的解决方案和服务。电信设备供应商只有改变以产品为导向的模式，真正转变为以客户需求和客户服务为导向的模式，积极与电信运营商进行价值链重整，提供多业务的整体解决方案，才有可能在价值链竞争中构筑优势。

IBM、朗讯、爱立信都认识到了这一点，并坚定不移地实现了业务转型。基于行业环境的改变，华为同样抓紧进行相应的业务变革、流程重组和组织调整，对服务市场展开新一轮战略性布局。从提供基础售后服务向提供整体解决方案转变；客户最终需要的是服务，而产品只是服务的载体。由于华为在过去的传统销售模式中主要还是一个设备供应商，通过给客户讲卖点来卖自己的产品，随着最终客户业务需求的不断变化和技术的不断进步，任何一家供应商都难以提供客户需要的所有产品；此时，华为通过服务变革，加大高端服务的投入，逐步形成企业为终端顾客提供整体服务和解决方案的能力。华为可以集成其本身的产品，也可集成运营商的产品，再加上定制化软件开发，向客户提供综合整体解决方案，这是华为从设备供应商转向整体解决方案供应商的重要道路之一。正是因为华为理解的顾客就是终端，进行了战略的调整，华为才在这个竞争复杂多变的行业中保持持续领先。

终端力量来自于与顾客界面的全接触

成功企业看到并善加利用了一个真理：如果产品销售出去代表厂家对产品经营努力的结束，那么，与此同时也意味着顾客对该产品适应努力的开始。为什么？如果企业以产品销售出去作为结束的端点，那么顾客就需要花时间、精力、金钱去弄懂如何使用该产品，如何进行维修和保养，甚至如何丢弃等，接着还需要判断是否更换其他产品以不再与该企业的产品发生关系。这是每个顾客都要面对的问题，理论上，这些活动被称之为顾客内部价值链。顾客内部价值链的存在意味着产品存在着有待改进的地方，也意味着巨大的商机，关注到这条价值链的企业就会因此获得全新的市场位置。

所以，真实的终端并不是人们传统意义上讲的终端——零售卖场或者售后服务站。真实的终端是企业与顾客接触的那个界面，在这个界面上，顾客可以真实地了解企业及其产品；在这个界面上，企业可以真实地感受到顾客需求的反馈。与顾客接触的这个界面的结合能力正是终端能力的表现，很多企业简单地把终端理解为自己的产品或者服务与顾客的关系，如果这样理解，就会导致企业过度关注产品或者服务的设计和组合，反而忽略了对顾客体验的理解，忽略了企业与顾客接触点的设计。我还记得在青岛海景花园酒店的感受，那里人人都能够感受到酒店每个员工真诚的笑脸，走在酒店的小径上、走廊里、前台和大堂、停车场、游泳池等，顾客在任何一个地点、任何一个时刻遇到酒店的员工，迎接他的一定是发自内心的喜悦和欢迎；不管气候如何、不管旅途如何、不管顾客在酒店之外发生了什么，只要进入酒店就会立刻被感染，就会快乐起来。员工的笑容和服务让酒店与顾客产生接触界面并产生全面感受，这使得很多人到青岛总是首选这家酒店。

终端就是企业与顾客界面的接触点，能够在这个界面上有所作为，企业就能够引领未来。维珍航空有着被业界称为传奇的经典：从业界的初生牛犊成为众人赞扬的行业巨擘，时刻关注着为旅客提供更好的服务和更低廉的价格，不断开发高品质、创新性的产品，并因此而声誉卓越。维珍航空的宗旨简单明了：“为各等级旅客提供收费相宜但最高素质的创新服务。”维珍航空最大的亮点在于为旅客提供全方位的尊贵服务，而不仅仅是一张舒适的座椅或者睡床；它推出的一系列创新性改革，为业界建立了新的服务标准，令对手竞相追随，并获得了全世界商业、消费业和航空业的各种最高奖项。尽管如此，维珍航空仍始终保持事事以客为先，注重物有所值、品质出众、乐趣无穷和新意层出。这就是维珍传奇，一个在顾客接触界面上的不断创新者。

企业中许多最有价值的改善机会不是来自于改进企业的职能，而是来自于更好地衔接贯通整个企业为顾客服务的各项活动，只要把注意力集中于向顾客传送价值的各项活动，企业就会具有增长的能力而处于领先的地位。战略逻辑的清晰和持久性决定着一个企业是否可以获得这些持续的顾客价值，价值型企业必须具有明确的价值驱动能力。也就是说，具有与外界广泛沟通的能力，能够打破商业间的边界，消除企业与顾客（消费）间的界限，最终实现商业价值。

价值实现

价值战略的实现，需要集合公司内外的所有资源，同时还要调动公司所有员工的积极性，让管理层都明确必须做出改变和更新，这些改变集中在以下三个最重要的执行方面。

集中市场占有率　没有足够的市场占有率将无法支撑企业拓展到新的市场当中去，所以价值型企业一定具有非常明确的、领先的市场占有率。而所有成功的企业都经历了在本土市场领先之后，再进入到新的市场区域发展的历程，同时这些企业也更加清楚地理解到，市场领先并不是用规模实现的，而是在为顾客创造价值的过程中实现的。

集中资源　战略的实现依赖于资源的整合和运用，这就要求企业能够融合资源要素。在全新的经营环境中，不同资源的有效性也发生了巨大的变化，以往我们所熟悉的资源可能已经不再能够带来竞争优势，因此需要融合新的资源。

集中管理　效能战略的实现还依赖于管理的有效性，因为技术、信息以及网络化和全球化，管理面对了全新的挑战，所以重新塑造管理的内涵，构建全新的领导能力以及高效的组织工作平台，是管理者必须解决的问题。

得战略区域者，得天下。

——佚名

04

第4章

成为中国市场的真正领先者

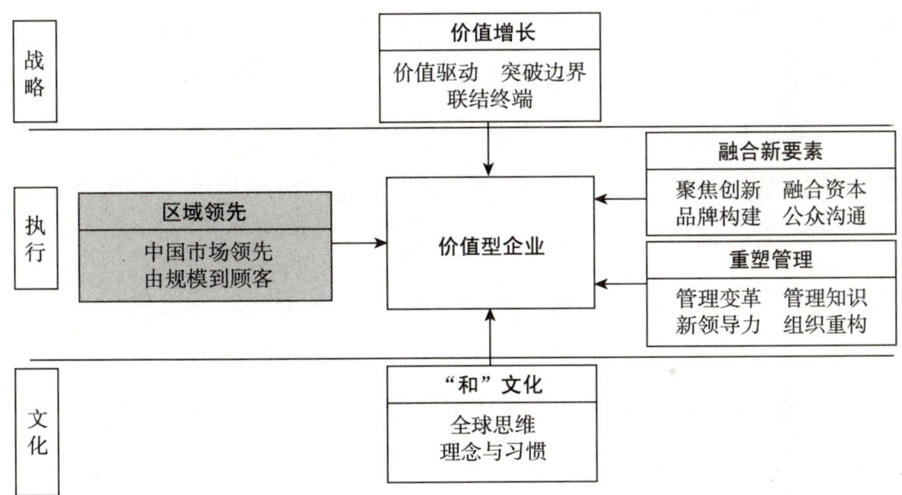

只有在中国市场领先的企业，才有可能真正具有成长的能力。

托马斯·弗里德曼在《世界是平的》这本书里记录了他采访微软二号人物史蒂夫·鲍默尔的一个问题，他问史蒂夫·鲍默尔：微软是当今美国最重要的企业，微软衡量力量的标准何在？环顾世界，哪个国家是当今世界上最有力量的？为什么这么看？史蒂夫·鲍默尔仅是简单地回答说：“我们衡量的标准就是看一个比率——每户拥有家庭使用电脑的数量。”史蒂夫·鲍默尔说，微软增长最快的地区是亚洲，韩国每户拥有家庭电脑的数量最多，日本也赶上来了，但是微软产品销得最火的地方却是中国。

当然，托马斯·弗里德曼在讲述这个故事的时候，和我需要引用的角度有所不同，但是，有一点是明确的，那就是不管技术和环境如何变化，中国成为最重要全球市场已是事实。

本土市场领先是全球化的前提

在全球化上表现优异的企业群体当中，我们可以发现最为明显的共同特征是它们都具有强大的本土市场引领的能力。这些全球市场的佼佼者，首先是本土市场的佼佼者。沃尔玛、麦当劳、微软、英特尔、IBM、诺基亚和三星，这个名单可以一直延伸，因为各个行业都有全球领先的企业。很多人从不同的角度来分析这些全球领先的企业成功的关键要素是什么。这也是我愿意思考的问题，随着对于这些企业深入的理解，我们可以看到一些共性的东西。其中之一就是这些企业具有“市场集群”的能力，全球化的企业因为能够定位产品或进行区域竞争，也更有能力通过顾客成长获取优势。记得宏碁的创始人施振荣曾经说过他成功的原因是保持“两只活眼”，一只眼看内，一只眼看外。事实上，跨国企业正是由于在多个市场具有形成市场话语权的能力，才确保了自己在战略区域的绝对区位优势。

宏碁的困境

宏碁系企业可以说是华人企业中的国际化先驱，在施振荣的领导下，宏碁用了28年的时间从一个制造商转型为拥有国际品牌的个人电脑商，施振荣的微笑曲线在IT业里算是路人皆知。在随后的日子里，宏碁二次创业，一分为三，希望借此可以实现全球化的努力，并缔造自己的品牌。其中，拆分出去的明基公司收购西门子手机业务，希望将自有品牌的手机业务做大，然而随着这一收购战略失败，明基再次回到代工战略。

20世纪90年代初，美国计算机行业竞争非常激烈，两大阵营把持着美国市场，一大阵营是美国的本土企业：IBM、惠普、DEC、苹果、康柏、戴尔等；另一大阵营是来自欧洲和日本的跨国企业：西门子、NEC、富士通、东芝、索尼等，宏碁就是在这个背景下展开竞争的。

当时的宏碁和今天的联想一样，它受益于亚洲新兴市场的繁荣，急于走向国际市场。宏碁的思路是：通过并购快速进入美国市场。1990 年，宏碁以 9400 万美元并购了美国高图斯（Altos）公司，后来的结果表明，这桩并购行为是宏碁最为失败的投资案之一。当初并购高图斯的目的，在于获取其所掌握的迷你计算机技术能力，以及利用其在欧美较为完善的国际化经营网络，从而提高产品的附加价值，增强企业国际竞争能力。但是，当并购发生之后，整个计算机产业的主流已经从原来的大型计算机、迷你计算机，转向个人计算机。因此，并购高图斯的主要目的并未实现。而且，因为采取百分之百的并购方式，导致了严重的“消化不良”。高图斯公司原有的员工难以及时融入宏碁的企业文化，双方沟通起来非常困难。并且，由于支付给这些员工的费用极为高昂。于是，1991 年，宏碁在美国与欧洲的公司同时出现大量亏损，使原本已有组织膨胀问题的台湾总部，更加加重了经营的困难，背上了快速成长所带来的沉重包袱。严峻的局面使宏碁产生了进行再造工程的迫切要求。

可以说，在亚洲的企业中，宏碁是一直坚持国际化战略的，宏碁的台湾市场很小，必须靠国际市场来支持企业的发展，也必须有效地利用全球分工与国际资源来降低成本，提升竞争力。2000 年年底，宏碁推动第二次企业再造，提出“新经销运营模式”，成功地压低库存，结果不但降低了成本，也加速了产品的推陈出新，让宏碁在欧洲市场打开格局，2003 年，宏碁在欧洲市场已经确立了自己的领先地位，而此时，亏损多年的美国市场也从 2002 年开始扭亏为盈。

然而到了 2007 年，从宏碁中分拆出去的明基在欧洲市场因为收购西门子，遭遇重创，虽然国际化需要持久的耐力和坚持，但是为什么宏碁系企业的国际化道路总是起起伏伏？

无论从代工的经验、技术和制造的累积上，还是从品牌的历练和销售模式的选择上，宏碁系企业应该都具备了国际化的能力和条件，让宏碁系企业国际化道路如此曲折的原因是，宏碁没有一个属于自己的市场作为依托。宏碁是在台湾这样一个相对小的市场上成长起来的，如果不能够占据一个更广大的区域市场，宏碁就无法累积真正的市场经验以及对顾客的深刻理解，应该说，不能够在中国大陆成为领先者，是宏碁系企业无法稳定在全球化市场持续领先的关键因素。

联想的幸运

柳传志一直抱有“办一个长期、有规模、高技术的企业，领衔中国PC 市场的公司”的信念。1997 年，凭借向首次接触电脑的用户推出简便易用的廉价电脑，以及竞争对手难以匹敌的分销网络，联想终于将 IBM、康柏和其他外国电脑厂商甩在身后，一跃成为中国 PC 市场的领头羊。联想渴望自己成为新的“IBM”“松下”与“三星”。柳传志认为，联想作为一个 30 亿美元（营业额）的中国企业，属于国际上的中型企业，必须坚定地向 100 亿美元（营业额）指标推进，成为一个国际大型企业。

事实上，柳传志对于联想的国际化早有设想。1997 年，柳传志率队去中国台湾地区考察，会晤了当时的宏碁集团总裁施振荣，但这次的台湾之行，却让联想撤回了当时为国际化所准备的全部人马。就在那一年，宏碁集团收购了德州仪器公司的个人电脑子公司。但由于难以在美国建立庞大的分销网络，该公司被迫将重点重新转向了欧洲。显然，施振荣当时的惨淡处境无疑让柳传志深受触动。

但是，联想和宏碁有着完全不同的背景条件。联想在中国国内市场的竞争力非常明显：规模采购带来的成本优势、渠道建设的通路优势、服务网络广阔及时的优势、对国内市场敏锐的触觉和对国内消费者心态的良好把握，以及在国内市场的品牌知名度等。细分市场、产品定位都是联想的强项，联想产品策略往往是竞争对手的风向标，惠普、戴尔等国际厂商在中国市场也不得不跟随联想变化。斥巨资收购 IBM 个人电脑业务，对于联想来说也是一次以资金换市场的行动，对于联想国际化有至关重要的推动作用。首先，收购 IBM 事件本身，对提高联想品牌在海外的知名度就有极大的促进作用；其次，进驻 IBM 海外机构、利用 IBM 的海外渠道，则是更重要的一步。

回到联想国际化进程的问题上来，毫无疑问，一年来的表现已经证明了联想在驾驭 IBM 这个强势品牌已经取得了初步的成功。当初分析人士担心的品牌价值下降、人心不稳等问题，都没有出现。在整合了原 IBM 的个人电脑部门之后，ThinkPad 品牌并没有衰落，依然是商务人士的最爱。同时，因为供应链整合等多方面的原因，联想整体的采购等更具有竞争优势。

尽管有业内人士评价认为，联想因 2005 年通过收购 IBM PC 业务，总体处在对 IBM PC 业务整合阶段，使得“奥运营销”显得单薄和仓促。但对此，联想集团似乎正试图消除这一猜疑。当联想收购的 IBM 业务开始盈利后，联想控股总裁柳传志、联想集团董事会主席杨元庆等高管多次在公共场合表示，“我们已经成功地完成了整合过渡阶段，这个并购可以被看作一个成功的并购。”

同时公布的 2007 财年第一季度财报还显示，个人电脑业务增长率在大中华区增长高于平均水平，在美洲区季内增加 15%，在欧洲、中东及非洲区上升 22%。从全球市场来看，由于 2007 年，美国经济出现疲软，投资者担心美国这个全球最大的电脑市场一旦出现经济滑坡，技术相关开支将会随之缩水，个人电脑类股票受到打压。在惠普、戴尔等公司的业绩受到影响的同时，2007 年第四季度财报却依然显示：联想第四季度净利润较 2006 年同期增长 2 倍，联想股票也因此逆势大涨，这一切主要源于联想在中国市场的绝对领导地位。

宏碁和联想两家企业的国际化努力，收获了不同的结果。我们不能说这就是定论，因为全球化是一个永久性的课题，所有的企业都需要持续地付出努力，但是，就现在的经营结果，我们还是需要阶段性总结，思考一下：一个需要面对全球市场的企业所应具备的基本条件是什么？进入一个市场所需要的要素是品牌、技术、渠道，这三个基本要素，宏碁并不逊色于联想，甚至在某些方面超越联想，但以目前的格局来看，联想似乎更有优势，在我看来，两者真正的差距来源于中国市场的业绩。

柯达和富士之争的启示

第二次世界大战后，为使日本遭受战争摧毁的工业得以重新发展，美国占领军说服包括柯达在内的大部分美国企业撤离日本，在以后的 40 年间，富士开始逐渐发展起来，赢得了 70% 的国内市场，柯达和其他欧洲企业在日本的市场仅占 10%。20 世纪 80 年代，富士开始向欧美市场进军。在富士的猛烈冲击下，柯达开始在市场上频频失利，利润急剧下降。1984 年，洛杉矶奥运会对柯达企业来说是一次耻辱的纪录，因为被选为这次奥运会“官方指定胶卷”的是装在翠绿色纸盒中的“富士”，而身为东道主老牌胶卷的“柯达”却名落孙山。

失利后，柯达开始酝酿对富士的攻势进行反击，柯达选择了抢占日本市场份额的战略，让富士在日本本土市场失利，这样才可以打击富士的全球化战略。1984 年 8 月，柯达企业规划主管西格先生飞赴东京，研究如何在日本本土市场上收复柯达的失地。日本的摄影用胶卷和相纸市场规模高达 22 亿美元，而柯达只占了 10%，并且还在走下坡路，这不是关税的问题，因为进口税只有 3.7%，问题症结在于柯达虽然在日本做了 90 年的生意，但从无长期经营规划，企业在日本既无直接销售网，也无生产据点，更无驻地经理，在东京的 25 位职员完全依赖各地的经销商。

此后，柯达决定派出公司高级经理，并将更多的资源投放到日本市场。从 1984 年起，柯达投入 5 亿美元，在东京建立总部，在名古屋附近建立研究和发展实验室，并将其在日本的雇员从 25 人扩大到 4500 人，在原来只出售日本产胶卷的照相店成功上架，分销店从 30 000 家增加到 60 000 家。结果 6 年间柯达在日本的销售额扩大了 6 倍，1990 年销售额达 13 亿美元。柯达的广告战术取得了更大的成功，有一半以上的日本消费者能一下辨出柯达的商标，也使柯达胶卷深植日本摄影爱好者脑中，结果柯达在日本的市场占有率达 15%，成为日本市场的第二位，紧随富士之后。

柯达在东京取得的成功更是惊人，拥有摄影爱好者市场的 35%，在医用胶卷和出版业中，柯达的占有率已达 85%。在柯达强大的攻势下，富士胶卷在日本的销售额开始下降，以致富士公司不得不将其在国外的一部分最精干的人员撤回东京，以抵挡柯达的袭击，而柯达借此稳定了美国本土市场领先者的地位。

宏碁和联想，柯达和富士让我们确信，“君子务本，本立而道生”，领先本土市场是全球化的一个关键因素；利用本国市场推动企业国际化进程是国际化成功的要素；没有本土市场的历练，没有本土市场稳定领先的格局，企业在全球市场上的努力会受到制约；没有本土市场持续稳定的发展，企业也不可能累积企业内部的实力基础，全球化战略的步伐就会放慢。

规模领先并不是真正的领先

本土市场的领先能力，决定企业能否实现价值增长，因此中国企业必须首先在本土市场保持领先，没有本土市场的领先经历，企业无法真正了解市场要素和价值成长的关系，也无法获得海外市场增长的资源和基础。同时，规模领先并不真正代表市场领先，一味追求企业规模并不代表具备市场能力。

30 年来中国诞生了很多成功的企业，每个行业都可以找到行业先锋企业，我曾经在《领先之道》这本书里，对这些领先的中国企业做过深入研究，提出了中国领先企业的成长模型。到 2007 年，当我持续跟踪这些企业的发展和变化，感受今天这些领先企业所面对的发展瓶颈和困惑的时候，发现规模领先并不是真正的领先，规模可以让企业领先，但是无法让企业持续领先和发展。

如何理解规模

一直以来，规模和利润之间如何平衡，是很多经理人必须面对的挑战。接近 28 年持续增长的中国市场，可以让我们看到很多企业因为规模的增长，成为了市场的主导者，所以在更多的人看来，规模和利润是没有矛盾的，甚至更有人直接认为，有了规模就有了一切。也许我们还不能够直接确定规模和利润之间的函数关系，但是，可以确定的一点是，如果我们陷入规模和利润的正相关关系中，有一个关键因素会被忽略掉，这个关键因素就是“顾客”。

三株就是这样一个例子。这个口服液企业为了在其市场中占据统治的地位，不断地扩大规模、扩充销售队伍、开辟大片的市场。人们可以在很多乡村和城镇看到“三株口服液”的广告，可以看到销售队伍的开发，为了吸引顾客、扩大市场，他们做出了极大的努力。但是，三株恰恰没有关注到和顾客有效的沟通、没有关注到广告和顾客需求之间需要产品来连接而不仅仅是销售。虽然三株已经取得了足够的规模，但是当顾客对其产品有了疑惑的时候，三株的规模并没有能够帮助它解决困境。

彩电业备受推崇的长虹彩电，在 20 世纪八九十年代，也是规模追随者，在 80 年代中后期，长虹已经具有了接近 1000 万台的销量，占据了中国市场的大半份额，为了达到这一点，长虹多次降价。在这样的情况下，康佳、TCL 两家彩电生产厂家，也不甘示弱，开始效仿，这样一来，消费者也开始不断通过比较厂家价格来获取更低的价格，使得整个彩电制造商的价格战不断升级。但是，我们都很清楚，调整价格相对于降低成本来说会容易很多，当成本不能够维系持续低价的时候，企业也就失去了竞争的能力。而因为无法给顾客提供独特的价值，这些企业没有能力在顾客层面上与其他同行区分开来，反而想通过规模的力量来区分。一番竞争的结果是，这三个彩电制造商都没有取得足够的市场能力保持持续发展。

我们经历了追求规模的 20 多年，需要从一个简单的问题重新思考：规模比企业的持续发展更重要吗？这个问题好像不难回答，但是中国企业在实际的操作中，依然会为了追求规模而忽视企业的可持续发展。如果我们仔细想想“规模如何产生”，这个问题就不难回答。

越大越好吗

我曾经阅读过这样一个案例：20 世纪 30 年代的法网冠军雷内 · 拉科斯特设计出了一款具有传奇色彩的衬衫，衣服上别出心裁的鳄鱼标志很快风靡起来，衣服售价不菲，利润丰厚。艾森豪威尔总统有一次穿着这种带有鳄鱼标志的衬衫亮相，使得它名声大振。很快，一群社会名流也穿着它出现在高尔夫活动中。20 世纪 70 年代，拉科斯特把鳄鱼衬衫美国的商标使用权出售给了通用磨坊企业，这是一家总部位于美国明尼阿波利斯的大企业。1980 年，鳄鱼衬衫在美国的销售额达到 4 亿美元；1982 年，更达到了 4.5 亿美元的销售高峰。此后，通用磨坊企业却开始盲目地迷信市场份额，以大幅度折扣来冲击市场，同时鳄鱼衬衫销往各种零售渠道，甚至包括沃尔玛这些折扣店，使得鳄鱼品牌的形象跌到了低谷，结果，销量反而下滑了。为了维持利润，他们不得不使用低劣质的人工合成材料。鳄鱼举步维艰，后来被《福布斯》杂志称为“虚弱的鳄鱼”。

正当鳄鱼品牌成为低价劣质产品的代名词的时候，来自纽约高档消费品商店巴尼斯的一位买主同著名设计师拉尔夫 · 劳伦进行了一次今天看来依然堪称经典的会谈。虽然劳伦先生的生意在当时主要集中在高档领带上，但是他还是很乐意聆听别人的建议，巴尼斯的代表希望劳伦用纯棉的优质产品来打败江河日下的鳄鱼衬衫。他对劳伦说，不要考虑市场份额，忘记它，你只需要把衬衫设计得让人感觉物有所值就行。不久，劳伦设计的 Polo 衫就开始大行其道了。可以说，鳄鱼将一个利润丰厚的全球市场拱手让给了一个刚刚起步的领带制造商。

这是一个真实的道理：追求规模而忽略和偏离了原有的定位，忽略了顾客价值，最终会丧失市场，所以并不是越大越好。但是越大越好的思想在很多经理人的头脑里根深蒂固，乔治梅森大学的经济学家汤姆·鲁斯蒂奇说过这样一段话："如果让他们拍着胸脯说自己是最赚钱的企业，他们会感到难为情。也许说自己拥有最大的市场份额会更心安理得，尤其是当他们没那么赚钱的时候。"这段话也许能够解释为什么大家会热衷于规模，觉得越大越好。

其实，对于顾客而言，规模的大小并不是他们真正关心的，顾客真正关心的是企业为顾客带来什么样的价值，并且他们是否能够感受到这些价值。

规模真的有魅力吗

人们之所以追求规模，是因为很多人都自然而然地认为"规模"具有下述魅力。

魅力一　规模可以带来领导者地位和市场权力。从理论上讲，规模大的企业的确可以确定市场定价，可以影响整个市场，使得小企业必须跟随，但是现实的市场并不完全如此。价格和市场地位是由市场来决定的，而不是由规模来决定的。没有一家企业强大到能够击退全世界的竞争对手，自封的市场主导者只不过是自欺欺人罢了。

魅力二　规模自然会带来更高的回报率。很多人认为随着市场份额的扩大，利润也会提高，但是这却是错误的观点。的确，有一些规模大的公司比其主要的竞争对手赚钱要多，但是多数情况下却并非如此，高利润并非大规模的自动结果，甚至在某些行业，规模并不是确定公司盈利能力的合理标准。请记住，温德米尔调查结果显示：70% 赚钱的公司并不是那些拥有最大规模的公司。

魅力三　规模经济起作用。也就是说，产量越大，单位价格就越低。这个观点看起来没有什么不对，只是我们需要更深入地理解，才能够了解到规模经济的本质意义是什么，是否有规模，就一定经济。其实较高的规模不会自动产生规模经济。多数公司的管理层费尽心思扩大规模，并认为规模经济随之而来，曾经担任哈佛商学院教授的杰克·海伊说："他们以为市场份额是获得规模经济的手段，其实不是。"因为一个大公司可能会从供应商那里赢得一些优惠，但是供应商可能会拒绝公司提出的降低成本的要求，因为他们认为一个大公司是不在乎多花这点小钱的（这要视公司和它的供应商力量强弱而定，如果可供一家公司选择的供应商比较多，那么一定会存在比价上的竞争）。况且，在经济学家那里我们还知道另外一个概念——"规模不经济"，随着公司规模的扩大，会增加管理人员、增加其他开支（如提高培训费用、开办新的业务等）。

上面这三个被称之为规模魅力的观点，我们已经一一地分析过，还有一点需要大家重视的就是：巨大的企业规模对招募优秀经理不利，所以需要建立充满活力、开明的企业文化来弥补不足。这就是我们常常习惯称之为"大企业病"的现象。杰克·韦尔奇就明确地说过：吸引优秀经理人的不是企业的规模，而是积极健康的企业文化。

规模的本质是竞争而不是顾客

如果回顾企业发展的历史，我们也承认曾经有一个时期，企业规模越大，批量越大，成本越低，收入越多，就可以有更多的资金投入研发，随之而来的就是产品品质得到进一步提高，以及制造的进一步改善。数量的增加使得单位成本下降，规模似乎牢牢地把顾客给吸引住了，因为大规模营造出一种长盛不衰的假象，增强了人们对品牌的信任程度。过去，的确规模越大越好，因为成本更低，利润更高，创新更易，品质越好。但是为什么今天，大企业就无法获得这些优势了呢？

因为时代变了。早期规模能够带来优势，是因为市场处在需大于求的阶段，这些大企业鲜有竞争对手，它们拥有大量的订单，在这个时候，首要的任务就是尽可能多地生产产品以满足市场需求，此时市场是基于需要，而非基于价值。另一方面，在这个时期，顾客相对于大企业来说力量是非常弱小的，根本没有任何话语权，只有接受大企业的任何判断。但是，随着技术革命的到来，规模的神话被打破。

第一，竞争环境的改变打破了顾客和企业之间的力量平衡。现在，市场开始处于供大于求的状态，顾客服务和提高生产能力的重要性开始有所改变，顾客的权力开始超越生产者的权力，顾客开始具有话语权。

第二，细分市场成为现实。市场进一步细分，不同类型的顾客，不同需求的选择，使得顾客要求得到为自己设计的产品，而不是大规模的“统一的产品”。服务成为关键性的竞争优势，那些曾经单纯依靠规模发家的企业也要开始改变自己的策略，否则就会失去市场。

第三，技术改变市场结构。科技的进步，使得盈利模式开始发生根本性的变化，以往用规模来获得市场占有率的格局，开始受到技术带来的冲击，因为技术，使得规模效益慢慢移向那些小企业了。

时代改变要求我们必须调整企业的导向，从规模导向调整到顾客导向上来。和 20 世纪比较，今天全球市场出现的变化更为激烈和复杂，科技和资本投资出现历史性飞跃，众多风险投资企业拥有着巨大的资本，使市场准入门槛大大降低，自由贸易和经济全球化造就了一批新生的竞争力量，而且在大部分行业里，生产能力大于现有的实际需求，所有这些市场要素已经发生了根本变化。所以，如果再以规模为导向就违背了市场的现实，因为规模的本质是竞争，而不是顾客。如果要回到正确的立场上来，杰克·韦尔奇给了我们明确的答案：

“我们经常衡量各种指标，实际上却什么也没弄明白。一家企业需要对三项指标做出评估衡量：客户满意度、员工满意度和现金流。如果你的客户满意度提高了，那么你在全球市场的份额肯定会随之提高；如果你的员工满意度提高了，就会改进生产效率，改进质量，激发自豪感，刺激创造力；而现金流相当于一个企业的脉搏，是一家企业最最重要的体征。”

真正的领先需要聚焦于顾客

工业时代剧增的生产力，制造出成千上万的商品和服务，顾客根本无法消化。同时，消费者的需求还没有完全被满足。各式各样的创新让供需不同步，因此总是要等到消费者接触了新产品，供货商对顾客的喜好有更进一步掌握的时候，供需才会协调。实际现象是供应充裕，但需求上却遇到了顾客不足的窘境。这就是我们今天所面对的市场特征。

“顾客不足”是弗雷德·维尔斯马提出的一个概念，“顾客不足”不该被解释成没有足够的顾客数量，或是顾客的购买力不足。事实上，今天顾客所呈现出来的庞大的集体购买力是前所未有的，问题在于一般的传统公司现在还在为吸引顾客短暂的注意力绞尽脑汁，或者说认知到这股强大的集体购买力的存在，但尚未找到吸引和满足这股力量的持续有效的方式。为何如此？因为目前的供需已不同步，市场和企业都面临混乱的困境。所谓“顾客不足”就是指卖方太多买方太少。这就是今天企业面临的最大的挑战。

在自由开放的市场中，几乎每个企业都能够加入激烈的竞争，这让现存的企业不胜其忧。虽然顾客比以往更多、更富有，但是追逐顾客的供应商也比以往更多。除了同行之外，企业还要面对跨行业发展的新兴企业，还有那些来自互联网的竞争者，而且互联网的竞争者提出的新概念，正威胁到原有的产品地位。以大规模生产见长的企业，事实上，它们提供了过多商品和服务，对于顾客来说，事物多到无法吸收，因为有太多的无法消化的信息和眼花缭乱的新产品。从一个企业的观点来看，所有的改变都相当迅速且惊人，在短短的几年间，几乎所有领域的顾客都从原本听从商家建议的角色，快速地变成了难以理解且挑剔的消费者，他们会精确地告诉企业他们要什么、何时需要，而且打算用多少钱来支付。如果企业因为某种理由无法满足顾客，他们就会立即离去，寻找可以满足其需求的其他企业。

因此，对于今天的企业管理者来说，工作的场所需要从公司的办公室转移到顾客的身边，企业管理需要关注的不是企业内部人员如何工作，而是需要关心顾客需要什么。换句话说，企业管理者需要把自己的“工作焦点”落在“顾客”上。强调“关注顾客”不是什么新的观点，全面质量管理（TQM）及顾客满意度的概念的核心，便是由此产生的，美国的马尔科姆·鲍德里奇国家质量奖更是此概念的延伸。事实上，这一切早在《市场领导者法则》一书中就明确地表述出来了，该书的写作前提是“无任一公司能同时应付各种人”，并鼓励企业要“选择顾客、集中焦点、掌握市场”。从当时到现在虽然环境上有很多差异，但是所有成为市场领先的企业所表现出来的共性是：能够聚焦于顾客。

市场营销观念提醒我们必须注意这样一个事实——要跟上形势的变化，我们必须研究人们的欲求和价值观并做出响应，必须针对同行提供的选择快速做出调整。它还特别提醒我们注意另一个事实——竞争经常来自行业外部。在这些思想的深处是这样一个概念，那就是没有什么比顾客更重要。这再一次说明，企业的工作焦点必须是顾客，顾客是最重要的，如果离开对于顾客的认识和理解，企业的所有工作都不会产生效果，同时企业也不能够适时做出调整以适应变化。

当山姆·沃尔顿（Sam Walton）担任沃尔玛 CEO 的时候，他会到卖场接触顾客，那个时候企业 CEO 若花上一定的时间直接亲近顾客，媒体一定将之视为新闻，而正是因为他这样做了，沃尔玛才能够不断创新出符合顾客期望的商业模式从而保持企业的竞争地位。当经理人对顾客投入关注，并能够取得丰富资料的时候，整个组织便转变为顾客导向型组织，顾客不再只是业务、营销以及现场人员的责任，顾客成为全公司所有员工的事业，从生产作业、研究开发到财务人员等都清楚：公司的成功来自于顾客满意度，而他们也必须为此负责。

有效的企业战略一定是顾客导向的

有一个无可辩驳的真理，那就是有效的企业战略都是顾客导向的，都是最终要遵循下面这条永恒的规则的：企业的目的就是创造和留住顾客。德鲁克这样告诫我们，市场中卓越领先的企业也是这样告诉我们的。

宜家企业就是典型的例子，企业以顾客的需求作为企业战略的焦点，企业所有的资源围绕着为顾客创造价值展开，从 CEO 到仓储人员，企业里每个员工都清楚顾客的需求，也了解自己能在服务顾客上所扮演的角色，宜家企业能够在全球各地取得成功也就不足为怪了。再看提供客户关系管理的软件方案的希贝系统，顾客同样是这家企业的焦点，该企业的 CEO 托马斯·希贝（Thomas M. Siebel）说，他有 60% 的时间都在和顾客接触，重视顾客价值的观念出现在企业的大厅和通道上，包括企业的所有海报、信件或者年度财报的封面，每一季企业会请顾客为企业的服务做评比，至于业务员的表现，也是以“顾客满意度”和“业绩达成度”为评估基础的。这两家企业都是以顾客为导向来确定自己的战略，并以此获得了领先的市场地位。

为什么需要顾客导向的公司战略而不是其他的战略，原因是今天商业运作技术突飞猛进的变化，尤其是通信和计算机技术的巨变，催生出数百种市场形态。新的技术能够帮助顾客越过中介，直接上网取得商品，节省了许多时间和金钱。几年前还名不见经传的互联网，如今正改变着数以千计的公司。对顾客而言，所有的转变都指向会有更多、更便利的新的选择；而对于经理人来说，则需要学会不要被技术和变化所困惑，运用顾客的标准来进行调整。

在过去的八年间，经历了至少五次变革的杜邦就是一个很好的例子。第一次企业面临的课题是节省成本并提高产能；第二次则是整合内部作业流程，让企业各个机能可以一起工作；第三次是做流程再造，重整作业流程以便去除不必要的工作机制；第四次改变是重新锁定一些高度的优先市场；最后一次改变则是针对锁定市场的个别顾客，提供定制化的产品和服务。正是这样五次变革使杜邦企业保持了行业领先的位置，一家仅仅经历了一次变革的企业，在面对经历了五次变革的杜邦企业的时候，谁会做得更好，答案显而易见。

必须集中企业的能量专注于顾客

相对于顾客，企业的专注度是非常重要的，这就要求企业经营者能够集中公司的能量，来满足顾客的期望。事实上任何企业都需要谨慎地挑选顾客，再准确地选择公司的运作模式，进而满足顾客需求。追逐过多的顾客，或者选择需求与公司优势不相称的顾客，都会浪费公司的资源。另外，如果一家企业没有明确的目标顾客，相对于一个集中资源于目标顾客的同行来说，前者不会具有竞争的优势。

因此，中国企业需要知道，如果要建立自己的时代，就必须集中企业的能量，专注于目标顾客；能量不能够集中，或者市场范围过大，都会导致面临困境。这是中国企业所必须拥有的逻辑思维，具有这样逻辑思维的企业才能在市场中取得竞争优势。新的企业为什么能够替代强大的老企业，就是因为新的企业能够专心致志地集中力量寻找突破口，而传统的领导地位的企业，反而因为拥有太多的信息和机会，经不住诱惑以及资源雄厚的条件，设定了太多的目标，结果失败。其实，回顾今天在市场中领先的企业，它们的成功都归功于它们的专注和一心一意。

要做到这一点，就要求企业具有清晰的目标和方向以及敏锐的市场感觉，并能够明确表达企业的定位及方位。企业管理者需要做的就是使得企业的业务流程、作业系统、分工以及激励政策等都以顾客导向为基本前提，调动企业的所有资源围绕着顾客需求展开。

诺基亚就是一家深谙此道的企业。在 20 世纪 90 年代，诺基亚成为手机制造商，产品销售到全球 140 多个国家和地区，拥有良好的市场形象。在每个国家经营时，诺基亚都会依据该国市场的特别需求推出定制化产品，它以国际观作为主要的宣传诉求，比如它选择英语作为企业的官方语言，同时鼓励企业经营者接受外派各国的安排。在一个新产品刚上市不久，另一个更精准的新产品又准备好要亮相了，它的产品经理说：“你依旧要在价值链的前端就考虑顾客的需求。”多年前，诺基亚、摩托罗拉、爱立信、三星以及索尼企业均分了市场，在所有的企业中，诺基亚注重于制造产品与顾客需求的切合程度，诺基亚引领潮流、个性化的手机和消费者紧密结合在一起，并以此抓住了寻觅者的心，所以当时领先的是诺基亚。

不管怎样变化，企业依然需要的是专注于顾客，记得曾经看过这样一段话：“你不能背向大海，随着我们的成长，更多的人与我们一起站在海滨，望着大海。你看杰克·韦尔奇和比尔·盖茨，获胜的将是那些与顾客同步并进的人。”

不存在确定的、不可更改的未来，我们越是清楚地认识未来，就越能够塑造一个生动而丰富、合乎心意的未来世界。

——马蒂亚斯·霍尔茨

05
第5章
新的驱动要素

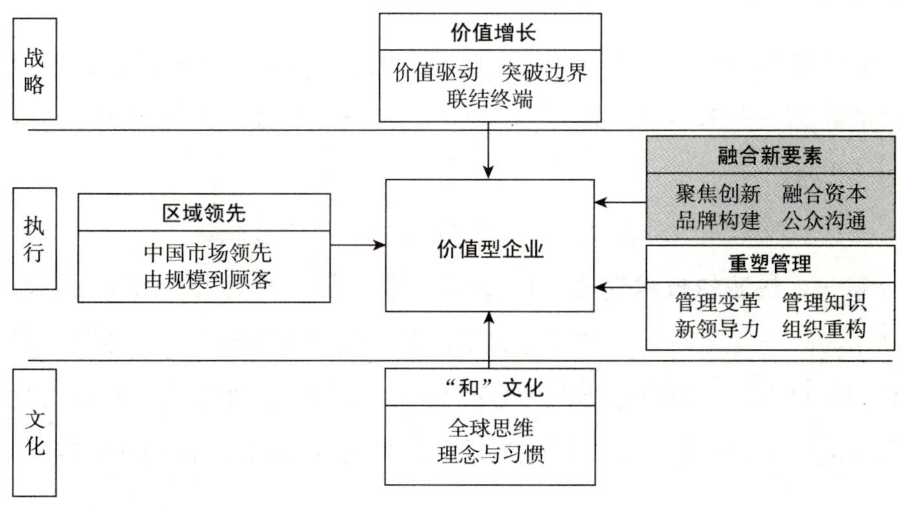

很多中国企业面临着全球化的诱惑，但是并不是每家中国企业都应该制定全球化战略。如果制定了全球化战略，企业就需要明确地回答以下这些问题：中国企业应该选择进入哪些区域市场？是美国还是印度？是发达国家还是发展中国家？是成熟市场还是潜在市场？企业是否具备了与全球化战略相匹配的企业治理结构？能否确保统一的战略在各个层次的区域市场得到执行？ 30 年后，中国企业如果试图成功实现全球化，必须理解 30 年后驱动企业成长的四大要素：①聚焦创新；②融合资本；③品牌构建；④公众沟通。

聚 焦 创 新

当前衡量一个国家或区域科技发展程度，已不再单纯以它拥有多少发明、发现为主要标准，而是以它的工业和工业技术能为世界提供多少可造福于人类的产品为基本准绳。这句话也可以反过来理解，那就是衡量一个国家或者区域的竞争优势是其技术的贡献。在未来的市场竞争中，谁先占领了先进工业技术的制高点，谁就把握了竞争取胜的主动权。

新的竞争性质

不管我们是否愿意，竞争的性质已发生了改变：竞争格局已经不再是输赢的状态，也不是双赢的状态，竞争已经转变为发展，确切地说，竞争是为了发展。

带来竞争基本性质改变的关键因素是以下四个方面。

第一，快速的技术变化。10 多年技术所发生的变化，已经不能被简单地认为只是变化而已，最神奇的是技术变化的速度——从前需要一定时间和空间来界定一类产品或者一个产业的生命周期，如今这已经不再受时间和空间的影响；从前需要界定产品的生命周期，现在则需要确定消亡的时点。

第二，快速的技术普及。不仅仅是技术本身快速变化，更为可怕的是快速变化的技术以更快的速度迅速普及。由于技术普及，人们的消费习惯、思维方式、生活方式发生了全新的变化，价值观亦呈现出多元化的取向。

第三，信息产业和通信业的戏剧性变化。与人们生活休戚相关的两个行业发生着戏剧性变化。当行业标准不断提升的时候，所有的商业模式、交往模式甚至生活模式都发生着戏剧性变化，人们在生活中的角色也开始变化；对于公司而言，管理模式将发生根本性改变，习惯于用传统方式去管理的人，发现过去的经验带来极大的局限性。管理本身也发生着戏剧性变化，管理不再是管理者与被管理者之间的事情，而是个体自我管理的过程。

第四，知识重要性的增加。知识在今天的环境中不仅可以编码化，还可以成为被贮存的资源和能力。如果知识经济是一个时代的标志，至少表明在这个时代里，附加价值的根本来源是知识。

正是源于这四个方面的变化，我们会看到：传统工业的界限正在模糊。我们已经不能说这一类企业是传统产业，那一类企业是新兴技术企业。沃尔玛把自己称为信息企业，是一个运用信息技术进行管理和销售创新的企业；阿里巴巴则声称自己是一个“让天底下没有难做的生意”的通路分销企业。正如乔·巴克所说的那样，对于未来而言，有三把钥匙——预测、创新和卓越。他进一步阐述了这三把钥匙是展望未来、改变现状和创造优势，如此而言，竞争力＝科技＋知识＋创新。

全要素中技术进步比重最为重要

经济增长率＝劳动投入的贡献＋资本投入的贡献＋全要素生产率（TFP）。所谓全要素生产率是用来衡量生产效率的指标，它有三个来源：一是效率改善；二是技术进步；三是规模效应。

在中国，通常只有 GDP、经济增长率、外贸总额、投资总额等指标，而没有“生产力质量”和“技术基础”的概念，这是中国经济改革理念上的一个重大缺陷。生产能力永远是一个决定性和限制性的因素，所以如果仅仅是以增长为衡量的指标，忽略了限制性因素，生产本身的意义则可能是破坏性的。我们需要引入的生产力观念是：一方面能够将投入与产出的一切努力都加以考虑，同时又能够根据产出关联的制约因素来约束所有实际的投入，而不是假定有了投入与产出就拥有了生产力的有效结果。事实上，我们更需要关注的是产出所产生的巨大影响，也许它们无法用数字来衡量。

首先是资源因素，人们在战略上选择的究竟是持续不断地使用各种资源，还是有限度地使用资源，这会直接影响到生产力的高低。最没有生产力质量的政策，莫过于希望在追求产出的过程中独享资源。

其次是能力因素，在中国制造系统中，很多企业都是全功能、全流程的经营，在人们的认识上，最好能够把所有环节都放在自己的经营范畴下；目前看到的制造企业、商业流通企业等就是这种能力无限膨胀的表现。但是，任何企业、任何管理者都各有其能力和局限性，每当企业或者管理者试图超越自己的能力和局限性的时候，也许就意味着失败的开始，能够体察自己的局限性所在，也是生产力要素之一。

最后是组织结构因素，无论是区域、行业还是企业，各种活动之间的平衡会深刻影响到生产力，如果不能够合理、明确地界定组织结构与分工，而是依据自己所喜欢的方向努力，那么结果就是造成生产力缺乏。以上的三个要素在衡量生产力的指标中并没有显现出来，但是缺乏这样的指标正是我们经济统计的一大漏洞，会削弱经济政策的预计目标。

同样被忽略的还有“技术基础”，技术所产生的影响是明确而不需解释的，技术对于经济增长的贡献也是清晰无疑的，问题是我们是否真正了解技术对经济增长的本质影响，如果仅仅以为技术投入与经济增长相关，而忽略了对于技术基础的明确理解，那么这样的经济增长是非常危险的。很多人把技术与竞争、技术与劳动力过剩、技术与资本需求增加等联系在一起，但是这些联系是错误的。技术并不能带来竞争优势，技术也不会造成劳动力过剩，技术更不是资本投入的增加，技术从根本意义上讲是一种控制的观念。因为技术的出现使个人或者企业的局限性有了根本改变，技术能够真正实现高度分权、弹性和自我管理，技术能够在手段和目的、投入和产出之间保持平衡。如果不能够如此理解技术并以此作为经济增长的基础保障，增长的方向和方式本身就会存在先天缺陷。

聚焦创新战略是关键

从上面的分析中我们知道，无论从经济增长的内在价值上，还是产业升级的发展上，技术创新都是必然选择，所以聚焦创新战略是关键。技术创新战略有三种公认的类型：自主创新战略、模仿创新战略、合作创新战略。每一种创新战略都发挥了巨大的作用，同样每一种创新战略也都有其缺点。

1. 自主创新战略

自主创新战略的优点是有助于企业形成较强的技术壁垒，掌握核心技术的企业有可能控制多个技术领域，奠定自身的领导地位。因此，大部分国家和地区会促进企业发展自主创新战略，以自主创新的技术保持企业的领先地位，从而创造更多的市场价值。

但自主创新战略必然是高投入、高风险的。一项自主创新的技术最终转变为产品的时候，都有一个市场沉默期（见表 5-1）。这个沉默期有多长，企业无法把握，需要等待市场接受的反应过程。企业能否坚持住、度过这个没有任何产出的时期，是对产品的起步过程的极大考验。也正因为此，自主创新是风险非常大的投入。企业如果不能度过这个时期，那么自主创新带来的将不是效益，而是毁灭性影响。

表 5-1　几种产品的市场沉默期

创新产品	市场沉默期（年）	创新产品	市场沉默期（年）
35 毫米照相机	40	无酒精啤酒	6
圆球笔	8	微波炉	20
信用卡	8	个人计算机	6
佐餐软饮料	10	电话应答机	15
干啤酒	9	磁带录像机	20
电子计算机	10	电视游戏机	13

2. 模仿创新战略

模仿创新是指企业通过学习、模仿率先创新者的创新思路和创新行为，吸取率先者的成功经验和失败教训，引进购买或破译率先者的核心技术和技术秘密，并在此基础上改进完善，进一步开发、生产出在性能、质量、价格方面富有竞争力的产品，与率先创新的企业竞争，以此确立自己的竞争地位，获取经济利益。

模仿创新的特点就是模仿跟随性，其最大好处是能够规避风险。当自主创新的企业培育了成熟的市场和消费者之后，模仿创新的企业开始了自己的创新旅程。它们借鉴自主创新企业的经验，但是又能够创造出比自主创新企业更具竞争优势的产品，成功的可能性更大，而投入不大，风险更小。

率先创新与模仿创新的市场地位变化常常富于戏剧性，很多率先创新的国家或者企业并没有成为现在市场的领袖，模仿创新的国家或者企业反倒取而代之（见表 5-2）。

表 5-2　率先创新与模仿创新市场地位的变化

产　　品	率先创新者	现在市场的领袖
自动聚焦照相机	美国	日本
笔记本电脑	美国	日本
半导体激光器	美国	日本
便携式计算机	美国	日本
平面显示器	美国	日本
数字式手表	美国	日本
复印机	美国	日本 / 美国
电视机	美国	日本
磁带录像机	美国	日本

注：此表为调研时的统计资料。

3. 合作创新战略

所谓合作创新，是指企业间或企业、科研机构、高等院校之间的联合创新行为。全球技术竞争不断加剧，技术的复杂程度越来越高、专业化程度越来越强，单个企业技术资源短缺，使得合作创新成为创新战略之一。

合作创新一般集中在新兴技术和高新技术产业，以合作进行研究开发为主要形式。其优点是：有利于在不同的合作主体间实现资源共享，优势互补；有助于缩短创新时间，取得竞争优势；成功率高；能够分摊创新成本，分散创新风险；有利于企业知识资产的积累。

海信创新技术孵化模式

1992 年以前，海信集团一直以单一电视机业务为主。1996 年，海信成立了空调企业，第二年就推出了国内首家变频空调，经过几年的快速发展，海信空调占有全国变频空调 55% 以上，空调 10% 以上的市场份额；2001 年，海信通信企业成立，在 2005 年北京数字奥运工程智能交通的项目招标上，海信通信以领先 20 分的成绩中标。

如今，海信集团企业旗下有海信电器股份企业、海信空调企业、海信通信企业、海信计算机企业、海信网络科技企业五家主要子企业，主要经营业务涉及家电、信息、通信、商贸等领域。就在很多企业陷入“不上项目等死，上了项目找死”的困境中时，海信却“跳出三界外，不在五行中”，那么，海信是如何做到投入一个产业收获一个产业的呢？

探寻海信多元化实施的过程，不难发现技术孵化模式是其多元化成功的关键。所谓技术孵化模式即海信在进入新产业领域时，抛弃了通过并购或购买成熟技术作为多元化切入点的传统方式，而是首先成立课题组，进而扩展为研究所，构建新产业进入的技术平台，待技术、市场等条件充分成熟之后，选择适当的时机，将研究所裂变为一个子企业进入新的产业领域。

技术孵化，顾名思义是技术在前、孵化在后。所以，管理层对技术研发的重视，以及企业对于研发的硬件保障都是技术孵化模式的前提。1993

年，海信集团就成立了技术研发职能部门；2003年年初，海信集团投资3亿元建成了占地63亩、建筑面积达5万平方米的海信技术研发中心（R&D），该中心承担了海信产业升级、产品结构调整的重任，并且还是中国国家级技术中心、博士后科研工作站。

有了集团战略上对技术的重视和研发硬件的保障，海信开始了新产业的“孵化”。渐进打开“黑箱”的过程包括：

企业战略构想以及最前端研发人员对行业前景的判断共同构成了海信技术孵化项目选择的范围，1992年，海信提出了3C（家电、信息、通信）的战略构想，这成为了海信孵化项目选择，即进入产业选择的前提。而对于主要攻克项目的圈定，海信还要判断其是否具有技术推广的实验田和能否借势原有产业等问题。

2005年6月，海信成功开发出中国音视频领域第一款具有自主知识产权并产业化成功的视频处理芯片——“信芯”，标志着中国年产7000万台彩电“无芯”历史的结束。“信芯”之所以能够产业化，与海信自身强大的电视机生产能力密不可分。假设海信没有自己的电视机生产基地，即使“信芯”研发成功也不可能如此快速稳健地将其产业化。在当今信息高度发达的时代，新技术的优势转瞬即逝，如果不能及时将技术产业化，那么前期高昂的研发投入很有可能血本无归，研发的意义也荡然无存。

海信通信企业组建后，同样借助集团品牌、人才、软件开发、生产条件等资源优势，得到了迅速发展。此外，海信信息产品和解决方案对推进海信信息化建设起到了重要作用。1999年，由海信网络科技实施的海信电器股份企业CIMS系统投入运行，大大降低了股份企业的管理成本，提高了管理效率。而家电产品与计算机产品的关联性促使海信推出了多媒体电视、网络电视、硬盘电视、互动电视、HiFi电脑等新产品。

同时，海信认识到选择合适的人才还只是开始，如何激励并保留人才才是关键。除了常规高薪酬、高待遇的激励外，海信还有“及时”“明示”“特别处理”三项激励方法。

“及时”即短效激励的及时兑现，比如年度科技创新奖的评比等。“明示”是预先对所研发项目奖励的标准进行制定，让研发人员都能看得到预期，有利于及时激励。海信用体系来保证标准的制定，即从确定方案时就确定了课题的难度系数，从而确定了报酬的基数，再结合项目产业化的可能性来共同制定标准。同时，海信技术中心在海信集团内部模拟市场运作对技术人员实行课题招标、个人技术入股等特殊政策。这种体系的有效性不仅使科研人员能够看到完成项目的确切利益——提高效率，而且体现了公平。公平与效率的统一，也利于激励效果的提升。除了以上2种常规激励外，海信还实行“特别处理”这种长效激励方法，就是对那些做出突出贡献的研发人员给予特别的精神与物质上的奖励，如海信每5年评选一次的“海信功勋人物”，35年庆典时评选出的“十大科技人物”等。

项目完成之后，选择裂变成子企业的时机非常重要，这样的时机该如何把握？海信的经验告诉我们，时机的把握是产品、市场、自身孵化能力综合判定的结果。首先产品一定要能够支撑得起一个产业，如果已经有了更好的技术替代产品，那么这个项目就应该放弃。例如，海信是我国国内最早进行投影管背投彩电研发的企业之一，曾经有过很大的投入，但是，液晶、等离子等新型技术的替代使海信放弃了这个项目。

拥有了能够支撑市场的产品，还需要分析产品投放的市场环境，如果市场尚未成熟，新产品的推出完全没有意义。例如，海信具有中国自主知识产权的iptv产品基本已经成熟，但是我国iptv的运行网络环境还尚未完善，所以，海信现在只有等待。

能够支撑新产业的产品、完善的市场环境是否就说明已经找到了合适的时机？海信教育软件的受挫否定了以上假设。1998年，海信网络科技企业开发教育软件，但是在产业化的过程中却遭遇了失败。经过分析，海信总结出其失败的原因在于自身的孵化能力上，即海信集团的主导产业、技术对于教育软件的孵化不能起到拉动作用。比如钢琴教师软件的推广，需要电子琴等产品来推动，但是海信并没有这样的产品，最终只能铩羽而归。所以说产品、市场、孵化能力三者对于时机的把握缺一不可。

融合资本

在2007年第三季度总共有29家VC和PE支持的企业在国内和海外上市，筹资在138亿美元，其中，海外的13家企业筹资额17亿美元；国内16家企业，筹资额121亿美元。29家上市企业有中国香港主板上市的、有新加坡上市的，还有上海上市的。深圳创业投资公司投资的三业电子在韩国上市，成为第一家中国企业在韩国上市。这是倪正东（清华创投总裁）对于中国创投发展趋势所做的报告给出的数据。可以看出，境外投资的选择更加多元化，现在有德国上市的企业、有韩国上市的企业，境内资本市场上市的数量和融资额创历史新高，而且会扮演越来越重要的角色。

在过去的大概7年中，创投在中国总共募集了150亿美元，投资了80亿美元、1500个项目，平均每个项目的融资额500万美元，这是一些基本数据，创造了大量有成就的企业。在2006年时，人们说中国还没有一家VC支持的企业市值突破100亿美元，但2007年阿里巴巴市值突破了200亿美元，百度、腾讯的市值在100亿美元以上，而且这个历史纪录还在不断地被刷新。如果没有海外创投，中国互联网、中国IT产业、中国的一些教育机构，包括一些中国新能源产业，也不会像今天这样发展得如此迅猛，中国的很多传统行业也不会进入目前的全新经营状态。

美的的释放

《中国企业家》2007年第13期做了这样一个专题报道——《何享健：资本解放美的》。何享健的觉悟为中国的民营家族企业、中国的传统制造业找到了一条升级之路。2007年6月14日上午11点，深圳证券交易所的显示屏上，一只代码为000527的股票突然出现异动。刚刚还在原地踏步的股价在短短的几分钟内，拉出了一条近乎笔直向上的阳线，到下午收盘时，这只股票已经足足上涨了5.84%。而就在同一天，好不容易从“黑色一周”中恢复过来的中国股市，再次掉头向下，深圳成分指数大跌145.20点，跌幅达1.05%。

上述股票即美的电器（000527.SZ），中国最大的白色家电生产企业。而在6月4日股市大跌以后的10天内，这只股票已经有3次涨停，5次涨幅超过5%。如果你是从2007年1月起持有它的话，按复权价格计算，美的电器的股价已经翻了5倍。

对于当今中国商界里创业时间跨度最长的何享健而言，步向资本全球化是对其近40年商业经验和生存智慧的刷新。老成持重的他曾在2007年正月初八——春节长假后上班第一天的内部高管会议上就提出：“我要否定自己，去变革！”

2007年，多年来刻意回避媒体、远离公众视线的美的集团董事局主席何享健接受了《中国企业家》的独家专访。他详述了过去3年来，他对美的未来、家族事业、资本市场、经理人与接班人等重大问题的思考与行动。

“我们要从做产品到做企业，从做企业到做资本。下一步，我们的企业不光要讲效益、讲现金流，更重要的是看企业的市值，进行市值管理。现在的世界靠的是科技和资本，只要有钱、有科技，就什么都能做到。”

何享健这么说仅仅是出于提升股价以达到个人财富不断增值的目的吗？答案显然没有这么简单。在一位与何享健深交多年的家电业协会资深人士看来，“这个行业已是高度成熟，要想在全球做大，必须引进资本，才能获得快速成长和持久的竞争力。很多本土企业家接受不了‘玩钱’，觉得还是做事来赚钱比较踏实，用钱来玩钱风险太大了。这样的观念需要改变了。如果在这一轮资本市场上企业没有眼光、没有进入，等这一轮过去你可能就要比别人低一个档次。”

“今天，中国经济的腾飞与资本市场的不断繁荣，意味着产业竞争将发生在产业领域之外，并按照新的游戏规则重新展开。”和君创业管理咨询公司的王明夫认为，“传统的产业竞争是研发、品质、成本、营销的竞争，但资本市场的繁荣给估值溢价水平不断提高的中国上市企业提供了进行跨国股权收购的可能。未来10年内，中国移动收购沃达丰、美的收购索尼，这样的故事不是没有可能发生。”

资本——几百年来经济的主导力量，在今天依然发挥着极其重要的作用。市场经济发展到今天，虽然很多非物质要素都有了话语权，但毫无疑问，资本的话语权最权威，它依然控制着整个经济的发展趋势。

谁在驱动全球的资本

公开资料显示：阿里巴巴预计融资总额将达14.9亿美元，创下了中国互联网企业上市融资之最，其国际配售吸引了超过1800亿美元资金认购，公开发售冻结资金约4530亿港元，这个数字将创下港股IPO冻结资金的最高纪录。

他们凑齐了50万元人民币，成立了阿里巴巴网站，对于为什么取名为阿里巴巴，马云说就是要让全球的人第一眼就记住这个名字：阿里巴巴，芝麻开门！结果，网站成立不久，就获得了“芝麻开门”的效应，过去受供求信息不平衡所困的买家和卖家，好像突然看到了一块宝地。阿里巴巴很快便吸引了全世界商人的兴趣，一传十，十传百，越来越多的人知道了他们的网站。从1999年3月成立到其后一年多的时间里，阿里巴巴就拥有了超过200个国家和地区的25万名会员，库存买卖类商业信息达30万条，每天更新的信息超过2000条。阿里巴巴连续获得软银、雅虎的资金注入，业务飞速发展，如今阿里巴巴已经成为中国互联网界最值得关注的企业。

现在，当阿里巴巴真正开启了其IPO航程的时候，人们不禁要问：阿里巴巴上市背后真正的推动力是什么呢？根据iResearch调查企业资料，作为B2B领域第一领先者，阿里巴巴企业注册用户数占了中国整个电子商务市场的70%以上。若按收益计算，2006年阿里巴巴B2B业务的收入额约占中国B2B电子商务市场贸易总额的51%。

招股说明书数据表明，截至2007年6月30日，阿里巴巴企业的注册用户达2460万名（国际贸易平台360万名，中国贸易平台2090万名），付费会员超过25.5万名。2005年阿里巴巴注册用户数量、付费会员数量的增长率均为83%。2006年注册用户数量、付费会员数量的增长率分别为83%、55%。

资本对阿里巴巴上市起重要的推动作用，但并非决定因素，在对中国市场完成了垄断式的占领之后，借船出海积极拓展海外市场的不仅是马云，更是资本对于阿里巴巴的要求，而在某种程度上更是市场在督促阿里巴巴的上市。仔细研究阿里巴巴的业务就会发现，资本的力量已经不仅体现在资本市场上，更重要的是，它从各种层面给阿里巴巴带来积极作用，这是其他互联网企业一直缺乏的层面。

事实上，真正推动全球资本的正是中国市场强劲的增长能力。

中国消费概念

一路走来，季琦等人组成的创业团队带给中国经济的意义并不简单的是两个纳斯达克上市企业，而是在于他们创造出了一个新的商业理念——基于传统产业之上的创新服务行业。

携程的出现改变了中国人的商旅消费习惯。如今，市场上涌现着e龙、芒果网、同程、去哪儿搜索等众多在线旅游商，一个新兴的产业因为携程的成功而诞生。

同样，经济型酒店也是近几年突然兴起的蕴涵创新元素的传统服务产业。多年前，当锦江之星试水市场时，很多人还不知道什么是“经济型酒店”，如今，引入商务服务、舒适卫浴、高级睡床和现代化管理的经济型酒店成为被人们广泛接受的业态。如家在此时适时切入，几年内便占据行业领导地位。如家上市后，甚至引发了海内外各路资本将投资目光从TMT转向创新型传统产业的风潮。

2007年，是中国经济型酒店市场进入相对成熟的一年，整体市场呈现出细分等级的状态，比如莫泰细分了168、268、驿居等几个品牌，仅99元一夜的“我的客栈”强势出击……而季琦似乎早些年已经看到了这股趋势，将汉庭麾下品牌分为中端商务酒店和经济型快捷酒店两个，且重点将倾斜于前者。新崛起的7天连锁酒店以低价取胜，其最近一年的开业酒店增长率达400%，客房增长率达327%。

当中国市场出现“消费升级”之时，不仅是经济型酒店，2007年也是中国创新型传统行业获得资本市场充分认可的年份。“中国制造”的概念正悄悄向“中国市场”转变。风投、股市，各路资本都对持续上升的中国消费市场寄予厚望。新世界百货、报喜鸟、奥卡索、安踏、味千拉面等企业纷纷上市，小肥羊、一茶一座、网购企业PPG、九钻网等也成为风投青睐的对象。

品牌构建

品牌态度、品牌增效、品牌效应溢出、品牌稀释、品牌认知等，人们被繁多的词汇所湮没，在任何地方都可以看到人们对于品牌的津津乐道，看到营销人和经理人对之追求，看到管理者和企业家对之热爱，看到顾问们和教授们对之关注，更看到消费者对于品牌的爱恨交错。这一切都在表明，品牌已经成为经济生活的一个重要元素，人们已经确信了品牌具有的强大魅力。看到一则新闻，《纽约时报》商业版的记者乔尔·夏基（Joel Sharkey）这样写道："在 1967 年的具有历史意义的电影《毕业生》中，在鸡尾酒会上，有这样一个经典场面。一个热心的、上了年纪的商人对乳臭未干、充满迷惑的达斯汀·霍夫曼（Dustin Hoffman）低声提了一条商业建议，就是一个词——Plastics（塑料信用卡）。如果今天重拍此片，台词就要改成'品牌'了"。

定义品牌

关于品牌的定义，在今天的相关书籍中可以非常容易地得到，如在《兰登书屋英语词典》（*Random House English Dictionary*）中，有一个词条对品牌进行了定义：

（1）一个词、名称或者符号等，尤其是指制造商或商人为了在同类产品中区别出自己产品的特色而合法注册的商标，通常十分明显地展示于商品或广告中。

（2）品牌名称，广为人知的一种产品或产品生产线。

（3）（非正式）在某一领域的名人或重要人物。

这个定义有些过时，但是它可以让人们对于品牌有一个相对清晰的认识，说它过时是因为这个定义过多依赖于产品、服务、商标之类的有形物。不错，在一定程度上品牌是物质的，经常由产品、场所和人来代表。同时，人们也清楚地认识到，当工业革命转变到技术革命的时候，整个世界从"有形世界"转变为"无形世界"，在今天那些无形的、常常是无重量的理念，如知识产权、创意、产品和服务对财富的驱动力等，要远远地大于有形的物质，而在这一领域品牌显得更为突出。可口可乐的市场总价值中情感实体远大于物质实体，罐装饮料厂、卡车、原材料和建筑物这些有形物质资产对于可口可乐公司和华尔街来说，并没有全世界的顾客对这一品牌的好感重要。换句话说，可口可乐公司所创造的顾客忠诚度在未来难以估量，要量化这一部分的资产负债，即使让最出色的首席财务官都无法完成，而价值的确就在那里。

所以，品牌的全面定义应该是：品牌具有最基础的本质，这一本质不是外在的，也不是完全用产品或服务来定义的。就像柏拉图所认为的那样，我们在日常生活中所体验的任何具体事物的各个侧面都存在着该事物的“理念”，是“理念”使事物更长久，甚至拥有永久的意义。

品牌最终的体现是具体的事物，但是这个具体的事物本身并不代表品牌，只是这个具体事物在人们内心认知的外化表现而已。品牌概念，可以称之为“柏拉图的理念”，人们可以在没有看到产品或者没有直接体验服务的情况下对其产生反应。试想一下，哈根达斯，其名称本身，甚至它的标志，都能够让人感觉到美。是的，它代表雪糕，但是品牌承载的最突出的意义却是一种感觉以及对于这种感觉的期待。

顾客是品牌内核的来源

按照密歇根大学商学院教授普拉哈拉德及拉玛斯威米（Venkatram Ramaswamy）的说法，权力钟摆向顾客的移动使产品“不过是一种顾客体验”。这一概念无疑意义深远。我们知道，产品和服务总是要不断地更新，而其品牌却是永恒不变的。所以定义品牌应该是这些体验的总和，而非产品或者服务本身。事实上，从进入网络经济的那一天开始，顾客的决定力量就开始产生作用，企业与顾客之间成为战略伙伴而非交易关系或者服务关系，新的经济规律是商业世界围绕着顾客运转，而不是相反，商业最终会随着顾客而非那些最成功的分销商或者零售商们起起落落。正因为人们生活在这样一个经济时代，所以必须更加关注顾客的体验，必须认识到：在顾客与品牌的关系中，产品和企业本身只是一个载体而已。

理智地思考一下，应该可以理解产品和企业的功能到底是什么，德鲁克曾说：企业就是创造顾客。如果没有顾客，企业和产品其实都没有存在的意义和缘由。就如耐克这一经典案例，菲尔·奈特（Phil Knight）推出耐克品牌后，将运动健身的灵感与渴望达到价值型水平的创新性产品展示结合起来。例如，耐克的气垫运动鞋展示，耐克本来可以花上千万美元宣扬产品的价值，这种运动鞋的中跟处薄而柔韧的膜中装了气垫，外面包着成型的脚框架，并附有一种动力健身系统。不过，耐克只简单地展示了一下产品，却与顾客在更深、更鼓舞人心的层次上进行了交流，让人在更广阔的运动健身世界里了解这一产品的真正意义。这超越了产品本身，让人感动。

企业应该从关注产品回到关注顾客的身上来。在营销领域，人们对于“第一提及率”非常热心，可是如果仔细研究就会发现，“第一提及率”所显示的并不是顾客自身的努力，反而是企业所做的努力。“第一提及率”反应的是一种产品或者产品特征、一种品牌的自觉认知，但是这并不代表人们一定会购买，就像人们可以在多种场合下不断地提及宝马汽车，但是人们可能根本就没有意愿去真的拥有一辆宝马汽车，因为在大多数人的消费习惯中，宝马并不是与他相关联的产品。

回到顾客的层面，就会寻找到品牌的核心内核。品牌之所以成为品牌，就是因为它能够在顾客内心中产生共鸣，能够引发顾客的信任。品牌如果能够尊重顾客更高级的需求，能够在产品开发与服务的同时，开发可以巧妙地调节产品与服务的营销交流途径，那么这样的品牌就可以高于产品，因为它更具有意义。对于顾客的理解，对于顾客情感需求的满足，对于顾客认知理念的理解和认同，可以引发顾客更为强烈、更细微、更复杂的原动力。这正如需求理论所描述的那样：渴望有归属感、纽带关系、希望有所超越和自我实现、希望感受快乐和满足等。最成功的品牌总是能够激发起积极的情感，如蒙牛“酸酸的、甜甜的”的“超级女声”所诞生的神话就激发了千万人的想象。每一次新产品、新服务的发布会都会成为一个故事，而这个故事就像一部伟大的神话，永远也讲不完，因为故事的主人公是顾客，而不是企业自己。

品牌契合了人们的心

2007年《中国国家地理》杂志的封面标题是《江南专辑》。江南在不同人的眼里，是完全不同的，地理学家说：江南是丘陵；气象学家说：江南是梅雨；文学家说：江南是天堂。一个江南在不同的顾客感受里就有了不同的认知，之所以江南能够牵动那么多人的思绪，是因为那么多人都可以在江南体验到自己的感受，都可以表达自己对于生活意义的理解。我曾写过一篇散文《西塘》，在这篇散文中，我感受到江南的清纯，“何以踏上这小镇的土地，我的心就有了一种如归的亲近？安静地坐在西塘的午后，我知道这是自己内心向往的生活状态，不需要繁华，不需要奢侈，只需要清纯的河水，只需要一缕箫音，在微微的风中思绪淡尽就可以了……”这就是我的江南。很多人都以为是江南的小桥流水、唐诗宋词的风韵构成了它的品牌，其他地方没有这些独到的历史和资源，所以也就无法构建品牌。但是我没有同意这样的说法，江南之所以是江南，不是因为小桥流水，不是因为唐诗宋词，是因为江南切合了游人细腻、温柔的心，在江南的环境中能够呼应、能够感受。

很多企业都基于企业核心竞争力来确定自己的品牌优势，但这恰恰是非常错误的。企业确定品牌的关键是与顾客的价值需求相一致，简单地说，就是品牌定位于顾客意图而非企业核心竞争力。克林顿在1996年总统竞选上发表过一句著名的短语：“经济，乏味透顶的东西。”每次克林顿提到此，他都提醒选民他所关心的是工作、失业、福利、税收以及所有老百姓正担忧的其他问题。但最脍炙人口的是“经济，乏味透顶的东西”这句话，它把克林顿定位成唯一一个关心老百姓疾苦的人，其他候选人力图抢回注意力，但是克林顿已经捷足先登，其实克林顿正是选择了选民的意图来构建自己的品牌，而非自己的演说能力和领导能力。

所以，在开始考虑和确定品牌定位时，首先需要确定的是顾客意图，确定在顾客意图方面企业擅长什么、不擅长什么，企业所擅长的地方是帮助实现了顾客的意图还是伤害了顾客的意图，或者根本与顾客意图的实现毫不相关。

斯科特·贝德伯里和斯蒂芬·芬尼契尔认为对于品牌而言，七种核心价值最为重要：①简洁；②耐心；③关联性；④可接触性；⑤人性化；⑥无处不在；⑦创新。

公众沟通

不管大家是否认同，企业形象都只是公众评价，而不是客观事实，如果我们不明白这一点，就根本不了解什么是企业形象。同时，一个更为重要的事实需要大家关注，那就是今天的公众无论是评价的能力还是评价的手段，都有着明显的进步，企业如果不能够理解这一点，就会陷入困境当中，因此公众沟通是驱动要素之一。

20世纪80年代初，广东大亚湾核电站建设之初，与之毗邻的香港就有百万之众联名要求停建缓建；浙江秦山核电站动工之初，也曾在海盐引起很大的恐慌，一些当地居民甚至准备外迁；江苏连云港田湾核电站因为引进的是俄罗斯核电技术也曾引起人们质疑……可以说，中国核电起步之初，承受着来自社会各方面的压力，每迈出一步，几乎都是负重前行。正如国内核电专家潘自强院士所言：在核安全领域，应该加强与公众的沟通，使之更透明，为公众了解，受公众监督。

事实上，人们对核的恐惧心理，往往源于对核知识所知甚少。伴随着核电发展，尤其是出现核事故、核灾难以后，有关核电安全以及“公众沟通”问题更加突出地摆在人们面前。尽管核能是安全清洁的能源并已经为科学界所公认，但社会公众不一定知晓、不一定这么认为。所以公众沟通做不好，就会影响中国核电发展。随着国内核电建设进入一个新阶段，尤其是公众安全意识的不断提升，全社会对于核安全的关注必然进一步提升，可以说公众参与已经成为推动核电发展的一个重要因素。在核电发展过程中，如何与公众进行有效沟通并争取公众的理解和支持是极为关键的。因而在一些发达国家，核电之所以发展很快，是与公众进行有效沟通分不开的。

这是在核电产业，事实上因为技术的飞速发展，因为企业面对的公众范围越来越广泛，因此，企业需要有能力做广泛的沟通。相对于发展的技术而言，我们甚至需要理解公众所具备的新的能力，这个能力有人称之为：公众制造。

公众沟通的魅力

2006年，加拿大温哥华一名男子用一枚红色曲别针，换来一套漂亮的双层公寓使用权，开创了“别针换别墅”的神话。奇迹并非绝无仅有，英国《每日快报》《每日镜报》报道，一名28岁的英国男子再创网络神话，他只花了5个月时间，就用一瓶价值2.69英镑的啤酒，换来一辆价值1500英镑的大众露营车！

这名英国男子叫皮特·詹德斯，是一名啤酒厂工人，他和妻子生活在英国林肯市。从2005年夏天开始，皮特就梦想能开着野营房车，带妻子去意大利度假。他希望能像那名用别针换来房子的加拿大男子一样，也能用某样便宜的东西从互联网上换来一辆露营车。2005年7月，皮特建了一个换物网站，表示愿拿一瓶2.69英镑的林肯啤酒，换取任何更值钱一点的东西。意想不到的是，皮特的“啤酒换物”广告在网站上刚打出没几天，就迅速得到了回应。一家当地报纸称，他们愿意让皮特到他们报社当一天编辑，来换取那瓶林肯啤酒。皮特又拿“到报社当一天编辑的机会”继续换物，结果林肯郡调频广播电台找到了他，表示愿意让他到电台早餐秀节目当几天共同主持人，来换取这个“当一天报社编辑”的机会。

林肯郡调频广播电台的一名听众听到这个消息后，立即和皮特取得了联系，表示愿拿四张 ZUTONS 乐队演唱会的贵宾票，来换取这个当几天“广播电台早餐秀主持人”的机会。从那以后，皮特的网站上就开始热闹起来，许多 ZUTONS 乐队的粉丝都纷纷要拿各自的物品来换取他手中的演唱会贵宾票。

一些人提供的交换物品甚至让皮特目瞪口呆——皮特对记者说：“突然间，众多 ZUTONS 乐队的粉丝都开始和我联系，要换取我手中的四张贵宾票。其中一个想要这些音乐会门票的家伙问我，是否愿意和他的女朋友共度一夜春宵。我不知道他有没有征求过他女朋友的意见，但我知道我的妻子绝对不会同意这种交换条件的。”最后，一名英国女人表示愿意拿自己价值 500 英镑的雪铁龙 ZX 汽车来换取皮特手中的贵宾票，皮特立即同意了这一要求。

2005 年圣诞节前夕，皮特终于实现了他梦寐以求的愿望，一名男子愿意用一辆价值 1500 英镑的大众露营车来换取他的雪铁龙汽车。皮特说：“这辆大众露营车需要维修一下，但我并不挑剔。因为它只花了我一瓶啤酒的代价，我做梦也没想到只花了 5 个月时间，我的愿望就实现了。现在，维里蒂和我将能够到意大利阿马菲海岸去重新体验我们的蜜月了。”

这是互联网上一个真实的故事，但是它昭示了一个最为真实的商业内涵：沟通产生无限价值。

公众制造

伦敦爆炸事件结束后，在包括《波士顿环球报》、路透社、《纽约时报》《华盛顿邮报》等主流媒体上开始传播该爆炸事件的一个衍生新闻——“Blog 迅速响应：伦敦爆炸目击者纷纷在日志上发表自己的所见和照片。”

世界上的第一张附有目击者叙述的现场照片，在最后一个冲击波划破伦敦城区之际，已开始全球范围地流传，它首先出现在 Flickr 等图片共享网站和其他几个 Blog 组织。

英国的普通市民亚当·斯塔西（Adam Stacey）是世界上提供第一张现场照片的作者：模糊的画面上一个男子站在昏暗而拥挤的地铁隧道中，他用手绢捂着嘴，身后是刚刚发生爆炸的地铁车厢，车厢内亮着灯，同时挤满了乘客。在发生爆炸的 King Cross 地铁站内，斯塔西不停地将这些即时照片发给他的朋友阿尔菲·丹恩（Alfie Dennen）。经营着一个 Blog 网站的丹恩，迅速将这些图片进行了发布。

很快，斯塔西的照片被 picturephoning.com 和 Wikipedia 网站采用；随后，斯塔西的图片又被天空电视台、美联社采用；最后，BBC 和英国卫报等媒体也采用了这一照片。

从“克林顿与莱温斯基”事件、伊拉克战争事件、美国“9·11”事件到亚洲海啸事件，国际报道目击者通过各类 Blog 发布信息已不是新鲜事，但此次伦敦连环爆炸后日志者发布的信息之多、速度之快却是以往任何一次事件所无法比拟的。

事后，Grassroots 媒体网的创始人 Dan Gillmor 发表评论——以往的历史由新闻记者撰写，但现在的历史由人民大众书写，这是非常重要的一种改变。他语气坚定地说：“随着时间的流逝，这些新一代媒体将颠覆传统媒体扮演的角色。”

亚马逊前首席科学家韦思岸（Andreas S. Weigend）在接受本报记者采访时表示：“今天正在出现的一种趋势是——人们已相信来自公众的评价，‘公众—专家—公众’的传播模式正在形成，过去掌握话语权的专家将蜕变为其中发言的一分子，相较以往会形成一个更公平的社会价值格局，它将尽可能地改变人类社会原本信息不对称的现状。”

韦思岸认为，“以往的网络时代，只有发文者（往往是权威）才有声誉，但现在所有的互联网用户都可以参与进来，并建立信誉。我认为在将来，通过网络评价这种社会性的诚信方式，可能会成为比 eBay、阿里巴巴这种集中性的诚信方式更为重要的信誉诚信，从而影响到商业上的一些变革。”他所描述的正是一个生活事实，我们面临的一个新问题是——当所有信息的传播已不再受到控制时，我们无法判断这是一个更好的世界还是一个更坏的世界，但是唯一可以确定的就是，我们需要全新的能力。

组织形象地位分析

在公共关系管理中有一个非常有效的工具，就是组织形象地位图。

1. 组织形象地位分析

组织形象地位图是以横轴表示知名度，以纵轴表示美誉度，并以知名度、美誉度的 50% 为界，划分为四大区域，或者说四大象限，如图 5-1 所示。

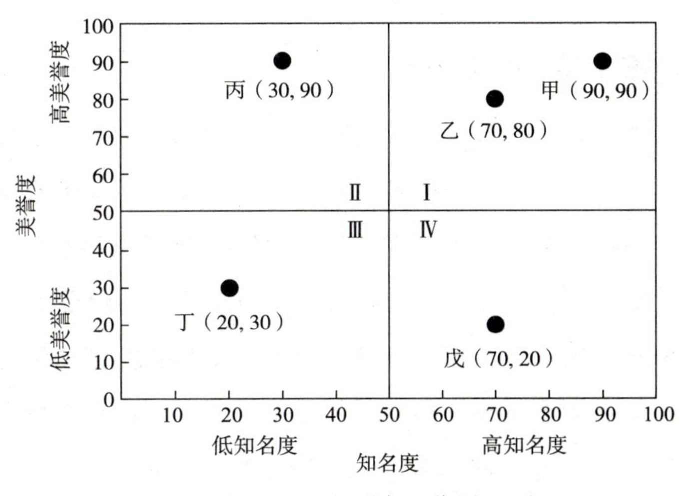

图 5-1　组织形象地位图

根据调查结果，评估本企业的知名度和信誉度（最高为 100，最低为 0），并把考评结果标入坐标系。如果落在Ⅰ区，说明企业有较高的知名度和较好的信誉，公关的重点应放在巩固和发扬光大上；如果落在Ⅱ区或Ⅲ

区，则说明企业在对外沟通上存在一定的问题，公关的重点应放在提高知名度（如扩大传播范围）或增进信誉度（如举办公关活动）方面；如果落在Ⅳ区，那么就意味着企业公共关系工作存在着严重的问题，需要进行较大调整。

2. 组织形象要素分析

知名度和美誉度是组织形象的重要方面，但并不是全部。要全面把握企业在社会公众心目中的形象，还需做具体的分析。在实际操作中，常用填写“企业形象综合考评表”的方法来整体确认企业形象。

我们以图 5-1 中的丁类组织为例来做简要说明。对丁类组织情况进行分析，发现丁类组织的形象内容表现为：经营方针正直，办事效率平平，服务态度不够好，业务水平低，产品没有创新，管理不科学，企业规模小。这就是丁类组织知名度与美誉度处于第Ⅲ区域的表现。

3. 组织形象差距的比较分析

在组织形象要素的调查中，我们发现组织实际形象与期望形象总是存在一定的距离。比较分析组织形象的差距，可以找到组织形象的优势和不足，可以发现组织形象要素中，哪些项目和组织的期望形象存在着多大的距离。弥补或缩小这种差距应是改变或构建组织形象的重要工作。

组织形象差距的比较分析是通过组织形象要素差距图来进行的。其方法是把组织形象要素调查表中表示不同程度的 7 个档次相应数字化，成为数值标尺。如从右到左，用“10”表示非常差，“20”表示相当差，“30”表示稍微差，“40”表示中间状态，“50”表示稍微好，“60”表示相当好，“70”表示非常好。然后根据组织形象要素调查表的数据，计算公众对每个调查项目的评价的平均值，将各个项目的平均值分别标定在数值标尺的相应位置上，并用线连接各点，形成一条曲线，即是组织实际形象曲线。

最后按组织形象要素调查表的各个项目，把组织所期望达到的程度的平均值标定在数值标尺上，并将各点用虚线连接起来，便形成组织的期望形象曲线。两条曲线的距离就直观地显示出组织实际形象要素与组织期望形象要素之间的差距，如图 5-2 所示。

从图 5-2 中可以看出，丁类组织除了经营方针这一形象要素的实际评价值与期望值比较接近外，其余各项形象要素的实际评价值与期望值均有相当大的差距。缩小这些差距，正是公共传播需要做的努力。

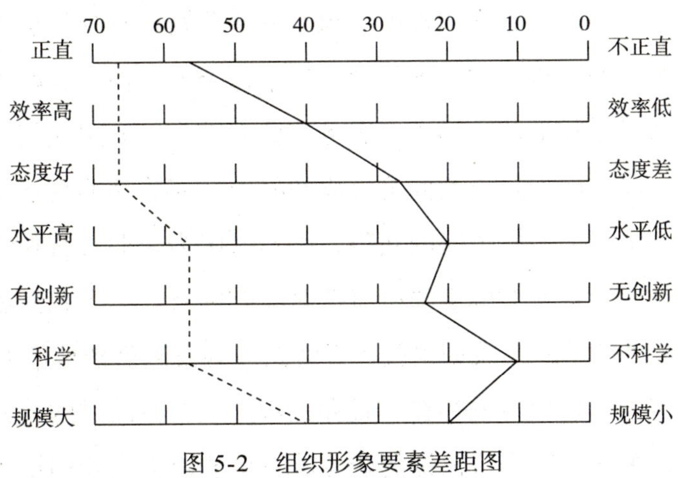

图 5-2　组织形象要素差距图

公共传播如果利用得好，完全可以得到明显收获。我记得有个个案，1988 年 4 月 27 日，美国阿哈罗航空公司一架波音 737 客机从檀香山起飞不久便发生了空难事故。事后，波音公司一反常规，利用这次本来会影响其声誉的事故大力进行公共传播，人们最初对此大为不解。

波音公司对这次空难事故的传播语是这样的：这次事故主要是因为飞机太旧，金属疲劳所致。因为这架飞机已飞行了 20 年，起落过 9 万次；大大超过了保险系数。如此残旧的飞机都能使乘客无一伤亡，难道不是反而说明了波音企业的飞机质量十分可靠吗？

如此一来，大家明白了，波音公司通过这次因事故而做的公共传播，不仅没有使企业的形象受到丝毫损害，反而赢得了市场。经此事故宣传，订货单猛增，1988 年 5 月，国际租赁金融集团向其订购了 100 架波音 737 飞机，美国航空企业订购 30 架波音 737 飞机。仅此一个月的订货，比事故发生前的第一季度的总订货量还高出近 1 倍。可见，适时适地有针对性地做公共传播，其效果是显而易见的。

传递价值

人们会以资本运作成功来描述分众传媒或者江南春的成功，但是最重要的不是资本市场对于分众传媒的青睐，而是分众传媒让投资者看到这个企业具有的传递顾客价值的显著能力。对于每个顾客而言，购买产品或者服务之后，都需要在适应产品或者服务上花费精力，如果我们可以关注到这一点，就可以在顾客价值层面上寻找到机会，而成功的企业正是这样做的。一个企业全新的竞争位置的获得，并不是因为企业具有独特的技术或者产品，而是因为企业对顾客的价值理解具有独特性，当我们理解了顾客内部价值链活动的时候，我们也就可以为企业寻找到创建价值的着力点。

正是顾客内部价值链的存在，就存在着产品有待改进的地方，就有了巨大的商机，关注到这个价值链的企业就有可能获得全新的市场定位。如果仔细分析这条价值链，就会看到很多机会。例如售后环节，在为产品提供安装、维修、培训和外包等服务的过程中寻找机会和顾客接触。事实上，一个企业中许多最有价值的改善机会不是来自于改进企业的职能，而是来自于更好地衔接贯通整个企业为顾客提供服务的各项活动，只要把注意力关注于向顾客传递价值的各项活动，企业就会因此而产生增长的能力而处于领先地位。分众传媒正是理解了顾客内部的价值链，当分众传媒能够与资本市场连接的时候，资本的力量化解为分众传媒对于顾客价值传递的能力。

人们也会担心：分众模式能否有未来？如果要回答这个问题，同样，还是判断两个令分众传媒成功的因素如何持续作用：当楼宇顾客已经视分众传媒为生活的一部分时，是否有能力再进一步为顾客传递价值就成为决定分众传媒持续成功的关键因素。对于今天的分众传媒而言，仅仅通过传播模式寻找到了接触到终端顾客的一个点，而这个接触点的作用会随着人们对于传媒期望的升高而升高。以消费者角度看分众传媒的主体产品，感觉上是对顾客的一种强制性的媒体进入手段，并没有给顾客选择权，而当今的商业模式是顾客更主张拥有选择权和决定权。从这个意义上讲，当顾客需要自己的决定权时，分众模式就会遭遇挑战。

终端顾客是分众传媒顾客群的一部分，另一部分是分众传媒的广告顾客，当他们向分众传媒提出媒体能力要从告知公众到得到公众回馈时，分众模式就遇到严重挑战了，因为分众传媒只是解决了强制告知的问题，完全没有解决终端顾客对广告顾客的认同和回馈问题。当广告顾客需要确定投放与产出的效益比作为衡量渠道媒体投放有效性时，分众模式的局限性就会显现出来。

因此，分众模式需要进一步探讨的问题是：顾客需求成长后分众如何进一步传递顾客价值，这也是很多中国企业所面临的共同问题。

当面对由此产生的纷繁复杂的情况时，企业必须时刻准备着对所有变化做出迅速的反应，这一点变得比任何时候都重要。

——贝弗利·戈德堡

06
第6章
重塑管理

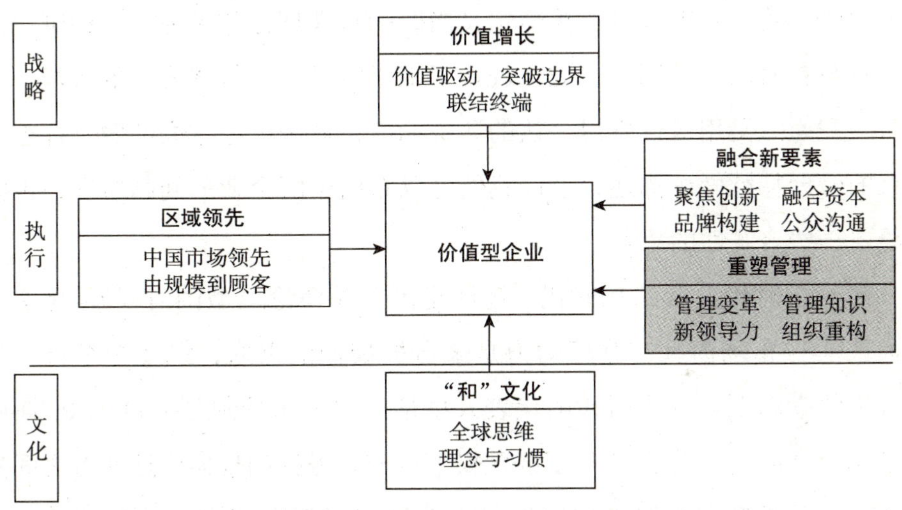

30多年来中国企业借助于中国经济实力的提升，撬动了世界经济和世界发展；未来的时间里，中国企业必须进一步在全球市场的环境中寻得一席之地。这30多年来，中国企业史最大的戏剧性发现之一，就是发生在其间的每次意外都比预先的规划更符合发展的逻辑。而所谓意外，就是没有我们未曾认识到的可能性——前方不断涌现的正是无限的可能性，而这就是未来的视野。

在未来的时间里，中国经济仍将继续坚持从粗放化走向集约化道路；中国企业需要拥有在世界舞台上施展的能力。全球化不仅改变了经营模式，而且还改变了管理本身的定义，管理不再简单地承担原有“计划、组织、领导、控制”的功能，知识和变革赋予管理全新的内涵。组织中个人能力和认识的凸显，推动管理者领导力的提升，领导者必须从影响他人转化到信任个人和引领组织，组织所承担的功能也从追求效率转化为推动组织系统整体成长。

全球市场的管理定义

每个结构变革时代都会重新定义当时的管理理论和实务，当中国进入全球竞争的时候，中国的企业也进入了重新定义企业管理方式的阶段。这个阶段我愿意借用管理学界公认的评价标准，对于已经过去的四个标志性时代的管理特征做个描述，也许我们可以看出中国企业的问题所在，也能够给出一些启发性的思考。

第一个时代。后二战时代（就是现代管理理论成型的时候），是宏碁较大的卖方市场时代，其驱动力是来自被禁锢的需求，以及一个新兴中产阶级的大爆发。这个时代的代表人物是通用汽车的阿尔弗雷德 P. 斯隆（Alfred P. Sloan）。斯隆首创了经营权下放与财务控制权集中这两者之间的平衡艺术。斯隆在组织结构和流程方面的创新至今还在全球各地的大型企业中广泛应用。

第二个时代。20 世纪 70 年代初，一个长期的经济低迷期开始。经济发展缓慢到了极点，在这种低迷的大气候中，企业创建业务多元化的热情急剧高涨，其理念是，一种业务的高潮可以抵消另一种业务的低谷，而作为一个整体，企业能够取得持续的收益，兼并和收购成了主要的业务，其中大部分都是纯粹的资产汇集。这个时代的代表人物是哈罗德。哈罗德将国际电话电报公司从一家主要在美国之外经营的价值 7.5 亿美元的电信公司建设成为活跃于 20 多个行业的价值近 180 亿美元的企业，但是国际电话电报公司却成了时运起伏的标志，最终，它凋零了，只剩下很小一部分幸存至今。

第三个时代。整个20世纪60年代至90年代初期，日本通过注重低成本、高质量和生产率，悄悄地创建着制造强国。美国企业别无选择，只能静下心来研究如何转型，企业领导人被迫把精力集中在经营业绩上，这个时代的代表人物是通用电气（GE）的杰克·韦尔奇。他将一个平庸乏味的工业企业集团转型为充满活力的服务型企业，使得通用电气成为精密的增长机器和管理模式，特别是核心业务单元战略的计划管理带领通用电气成为全世界价值最高的企业。

第四个时代。20世纪90年代出现了一股规模和范围极其深远的热潮，其动力为科学技术、高生产力、无限乐观主义、不断扩张的股市，以及风险资本史无前例的增长。这个时代的代表人物是微软的比尔·盖茨。主宰90年代后期管理思想的四大信条是：商业模式创新、生产力、速度和股东价值。比尔·盖茨正拥有了这些特征，他是“速度之父”，在他的主导下，电脑成为每个人必需的工具，他用创造性的商业模式，把一个少数大企业支配的市场转变为一个开放的舞台，新的商业机会不断涌现，价格不断下降。

这四个时代及其代表人物的特征正是我们可以确信的观点，对于企业而言，真正奏效的经营方式，其四大核心要素是：第一，战略：坚持明确且专注的核心事业战略；第二，执行：持续符合顾客期望的品质；第三，文化：建立以绩效为导向的企业文化；第四，组织：建立快速、弹性、扁平化的组织能力。这四个核心要素在管理学界是公认的，问题的关键不是是否确认这四个关键要素，而是在中国企业的管理中我们如何理解和运用企业的每个细胞来实现这四个核心要素。

战略逻辑

真正影响企业持续成功的主要因素不是企业的策略目标，也不是发展策略的流程，而是专注、集中焦点于核心事业的成长，坚持核心价值践行的力量。韦尔奇改造 GE 的第一个愿景目标，就是“第一或第二”，核心事业如无法成为业界的第一或第二，就修理、关闭或出售。中国企业能否解决核心事业是非常关键的问题，30 年中国经济的飞速发展，中国国际影响力的飞速提升，更加令人心动的中国庞大的市场，所有跨国企业对于中国市场发展的极大关注，这一切都给了中国企业巨大的发展机会，中国企业整体处在一个进步、非凡的历史时期，这是中国企业整体发展史上一个很重要的进步。同时，对于中国企业来讲，这也是一次巨大的产业发展机会和一个难得的历史机遇。

在这样的背景下，就要求中国企业聚焦能力，专心致志于核心事业的不断成长，根据顾客、合作伙伴及投资者的需要来发展战略。多年前，我就把企业的经营战略分为四种方式：第一种是薄利多销型；第二种是品牌型；第三种是服务型；第四种是个性化满足型。这样的分法不见得正确，但是可以表达我的想法。如果经营战略有四种形态，那么中国企业目前仅仅停留在第一种方式中，也就是仅仅做到了薄利多销而已。换句话说，中国企业成长于“大量营销”的时代，企业的主要任务就是说服消费者接纳企业提供的产品。薄利多销的逻辑是一种大量生产的逻辑：企业的产量越高，单位产品的成本越低，因而盈利能力和竞争力就越强。但是，这个战略逻辑今天遇到了以下挑战。

（1）产品生命周期缩短。每一年都会涌现出 15 000 种以上的新产品或者新型号，其中超过 90% 的新产品的生存都不会超过 12 个月。

（2）敌对与高傲。企业大多数的活动并没有真正地围绕顾客展开，虽然顾客导向是企业今天最常使用的一个说法，但也仅仅是一个时髦的口号而已。很多企业并没有真的看得起顾客，他们总是试图操纵顾客，这可以从许多广告语中感受得到，也可以从购买的现实过程中体会得到。

（3）关心的是实质而不是形式。很多企业的主要兴趣在于为自己的产品或者服务创造某种形象，但是却没有多少企业真的下功夫确保产品或者服务能与顾客期望的形象相符。对于顾客而言，他们更关心实质而不是形式，企业产品或服务能够给顾客带来的实际价值才是顾客给予企业的评价，在此基础上才会有企业形象。

以上所述仅仅是企业所面对的一部分挑战，但即便是这样，企业在战略逻辑上如果不做改变，发展就必然会停滞。

文化惯性

企业文化的产生和存在对推动企业获得良好业绩有着非常重要的作用，优秀的企业文化可以理顺组织内部价值差异、提高组织运作效率、增强组织信誉度和团队士气。企业通过企业文化提升整体形象和品牌信仰，通过对内的整合达到对外部竞争环境的适应，继而提高企业核心竞争能力，实现企业经营业绩的持续增长，铸造长青基业。我们知道，企业如果没有持续的业绩，就无法承担一个企业公民的社会责任（比如减少失业率、保持社会稳定、创造更多的价值衍生机会等）。

郭士纳在IT业井喷初期接手IBM，柔韧、坚定而彻底地发动了一场企业文化变革，使得这家连年亏损的IT业“病狮”重振雄风；安德鲁·莱克是美国全国广播企业前董事长，在加盟索尼音乐企业前。他声言，一旦挑起索尼BMG首席执行官重任，就要大刀阔斧，重塑企业文化，扭转局面，将经营重点集中到数码音像产品的销售上。微软的管理人员也看到，由软件开发者执掌帅旗的企业文化是造成某些产品失败的原因，因为他们不时会开发出一些技术上或许一流却并不符合消费者需要的产品。

我们在具备更长久的发展历史的世界企业中看到了领导者对企业文

化和管理方式的独特理解和重视，领导者在面临变革和改进的情况下，关注的问题往往是企业文化和管理方式。由此，每次真正的变革，无论这些企业的历史有多长久，所导致的结果都是与掌权人自身文化和他所推崇的管理方式休戚相关的新文化、新组织和新管理的构建。“天下无双”的新文化、新组织和新管理。对于中国成长中的企业来说，由于经历的是从无到有的发展变化，领导人自身的文化和他推崇的管理方式更明显地主宰了企业初期的发展轨迹。文化不是无源之水、无本之木，企业领导人自身及他所推崇的管理方式决定了这些经营接近 30 年的企业所产生的企业文化。

今天，对于中国企业而言更需要实事求是的领导作风，不能够有任何的非业绩因素，不能够强调无原则的“和谐”，在激励和管理制度上更需要注重实际的奖惩机制，这种重视比任何时期更为重要。如果无法形成业绩导向的企业文化，转型根本无法实现。企业真正实现转型的准备是企业上下一致对外，整个企业积极努力地理解外部世界，理解环境对于企业的要求，理解企业面临的压力而不是个人面临的压力。这些努力能够让人们懂得如何齐心协力地去应对外部世界给予企业的压力和要求，能够齐心协力地解决问题，但是大部分中国企业并没有做到。因此，对于中国企业而言，形成实事求是的文化，保持企业范围的积极努力是重要的要素之一。

中国本土企业相对于其他企业而言，有着深厚的文化底蕴，一方面可以形成抵抗外部干扰的能力，另一方面也形成了自身的潜规则，不容易接受变化，不能够打破框框，甚至可能形成固有的滞后的习惯，这些不能够适应变化的文化部分，如果不能够剔除掉，就会分散文化的作用，无法形成合力。同时，一部分企业的企业文化还有着非绩效痕迹，也就是无法用绩效来衡量。所以对于企业文化来说，迫切需要更加明确的价值取向，只有具有明确的价值判断，才可以让文化发挥应有的作用。

组织及制度

关注一个企业的制度是否能够发挥市场正向作用，最直接的指标是：

（1）授权第一线人员快速且弹性地响应顾客需要；

（2）能够不断致力于改善生产力，杜绝一切浪费；

（3）建立快速弹性反应的组织力；

（4）“简化、简化、再简化”是企业建立组织架构的基本原则；

（5）促进企业的合作与信息交流；

（6）把最佳人才摆到最靠近行动的前线以掌握机会。

这就是制度产生效益和作用的表现。制度需要形成的是一种由上而下的伙伴关系，制度要解决每个员工是否都有决定性服从的心态与行动，制度要保证人们把力量集中在企业核心专长的发挥上，建立成功无瑕的执行营运流程，才能持续地创造符合顾客期望的品质与服务。中国企业对于制度的理解也必须回到这个层面上。

日裔美国管理学家威廉·大内从1973年开始专门研究日本企业管理，经过调查比较日美两国管理的经验，在其1981年出版的《Z理论》一书中提出Z理论。该理论认为，一切企业的成功都离不开信任、微妙性、密切的关系。因此，主张以坦白、开放、沟通作为基本原则来实行“民主管理”。事实上，真正的核心不在于企业组织形态有什么区别，而是什么样的组织管理更有利于获得企业竞争力。正如大内所言“美国企业在未来10年面临的关键性问题不是技术或投资，也不是规章制度或者通货膨胀。关键问题是我们如何对事实做出反应，即日本人知道如何比我们管理得更好。”所以大内提出的Z理论，其核心内容就是解决如何管理人，使他们更有效地在一起工作。Z理论的第一个原则是信任：生产力和信任是紧密相关的，信任导致公平进而提升效率；Z理论的第二个原则是微妙性：微妙性解决人际关系的复杂性和人性的复杂性，以解决制度层面无法解决的问题；Z 理论的第三个原则是密切的关系：没有关爱、支持和不轻易动摇的无私精神，人们也不可能有美好的生活，而这些都来源于密切的社会关系。正是这三个原则，即信任、微妙性、密切的关系，让组织成员能够更有效地协作，最终提升生产力，而这正是中国企业需要向日本企业学习的管理组织的方式。

企业经营者必须了解：企业在组织以及制度安排方面必须做出努力，的确，企业的成功离不开信任、敏感与亲密。必须以坦白、开放、沟通作为基本原则来实行组织管理。企业除了不断地提升自己的技术和资金实力之外，更需要在组织方面提升自己的实力，唯有让企业组织具有强大的协同能力，才能够真正提升企业的竞争力，而这恰恰是中国企业必须正视的问题。

对于今天全球化的经营环境而言，经济结构的巨变带来了管理方式的重新定义，当我们描述四个时期的管理方式定义的时候，时代已经到了第五季，这个时代会更快、更加剧烈，更加需要放弃以往熟悉的方法和经验，需要做更大幅度的调整和变革，中国企业要做充足的准备：学会放弃自己的习惯，不然市场会放弃你。

管理的新内涵

如果孕育传统的管理理论的土壤已然流失，那么是时候思考管理的新内涵了。新技术带给人们各种体验和无尽的可能，但是同时也使得管理面对许多未知。标准的管理职能，不能够概括全新的情况。“计划、组织、领导、控制”，这些以亨利·法约尔为代表的管理职能理论也只能够解决层级结构的组织，当组织变得越来越网络化、信息越来越复杂化、价值越来越多元化的时候，如何管理成了一个全新的话题。这涉及两个全新的管理内容，一个是变革管理，一个是知识管理。

变革管理

如何进行变革管理？在回答这个问题之前，需要理解管理的新内涵，倘若无法理解管理内涵的变化，就无法进行变革管理。而管理的新内涵不同于传统的管理内涵，主要在于它不再仅仅从职能的角度来诠释管理，而是从管理本质的角度来诠释管理，而且最为重要的是必须基于未来看待管理。在讨论企业变革的各种研究材料中，可以发现30年前，跻身于《财富》100强的企业有1/3被淘汰出局。同样是巨型企业，为什么有的企业能够长盛不衰，有的企业却困难重重？这其中的一个重要原因是企业是否具备适应变革的管理机制。德勤国际集团首席执行官卡普兰德说："面对未来，我们唯一能确定的是：未来是不确定的。"在以网络科技和知识管理为特征的新经济中，变革管理成为企业管理中最重要的方面。

马基雅维利在《君主论》中提出：世界上没有比推动变革更难的事件。因为多数当权者一般会担心自己的利益受损，对于变革一开始就持否定态度；另一方面员工由于不清楚变革后自己能否获得利益，对变革不会给予支持，这就导致领导者很难推动变革管理。变革管理的难点和目标在于平衡好变革与发展、稳定的关系，对于企业领导者来说首先要确保变革逻辑正确。

变革最大的逻辑就是变革要以发展为目的。如果变革本身只是个零和游戏，不产生增值，那么变革就难以获得足够的支持。其逻辑性体现在变革要有长期目标、短期目标、合理的策略、较为详尽的计划和时间表、数据支持、具体的制度支持等。

但变革具有逻辑性只是确保变革能成功的一小部分，因为它只解决了变革与发展的关系问题。要想解决变革与稳定的关系问题，从政治的角度看待企业是非常关键的。变革毫无疑问会导致企业内部不同员工群体的权力利益再分配。即使变革从总量上会增加整个企业的价值，如果在此过程中某一部分人会丧失一些权力利益，或者只是相对少地增加了权力利益，那么变革也会受到顽强的阻力。从社会文化这个角度来看待变革是确保变革可持续性发展的重要因素。重大变革不是以企业业绩在短期内达到预期水平为终结的。只有当企业内员工与外部相关的人员（如股东、投资者、社区等）都充分地从思想上理解了此变革并在行为上给予支持时，变革的成果才可以长期维系。

知识管理

面向未来企业管理的另一个重要因素是知识管理。今天，科技在企业的应用领域逐步盛行，知识比以往任何时候都更廉价、更迅速地传播和繁衍，这就意味着一旦竞争对手获得了相同的知识，企业自身的优势很快就会丧失殆尽。为了使竞争优势能够持久，管理者还必须管理知识资源。企业的知识管理可以令企业具有获取知识和运用知识的两种能力。知识管理不仅是纯技术方面的知识，而且还包括技术与整个组织（如生产、财务、市场营销等）的兼容能力。

从有效知识管理的角度来看，获取知识和运用知识是相辅相成的。有人说过：一旦企业获得了知识和产品制造的技能，下一步便是要把它化为有形资产，对其进行开发，从而获得“基本产品”。基本产品的开发是企业管理中最为重要的活动之一。事实上，如果能在基本产品市场上占据领先地位，就可以长期地对最终产品市场中的制造标准及其演变加以控制。“运用知识”阶段则是由战略性经营单位通过生产和提供最终产品与服务而得到实施的。这个阶段，主要可以采取四种战略使竞争优势维持更长时间：增值战略、锁定战略、先占战略和封锁战略。前两种战略用于吸引客户，并长期留住客户；而后两种战略则是用于维持竞争优势。总体目标是使企业的技术标准得到改变和提高，防止竞争对手进入市场或者至少使他们觉得进入这个市场并没有什么吸引力。

“所谓战略性方法要求具有丰富技术知识的高级经理人和企业首席技

术官共同参与制定战略。”汉斯·丹尼尔迈尔在《未来企业》里这样总结，知识决策要由最高管理层这一级别做出，知识本身应视作战略性变量而非生产性变量。知识管理的作用在此凸显：它构成了一种综合协调各方力量、捕捉重大机遇的新型战略性方法，整个组织依靠这一方法得以创造知识一体化的格局。其得力之处在于，可以正确地应对技术开发过程中的不确定性，并能够在有关机构、企业和个人之间合理地分配所有权和生产责任。

所以，管理的新内涵就是变革管理和知识管理。如果管理者没有转变思维来认识管理的新内涵，就会使得企业一直流连于传统的对于管理的评判和习惯中，但是如果这样，相对于一个不断变化的环境来说，管理一定无法跟得上变化的环境，从而导致管理桎梏人们的领导力和创造力的发挥，这是非常令人担心的事情。

重建领导力

面对未来的企业管理还需要一个核心的要素就是重建领导力。不管人们如何理解领导力，领导力本身所需要具备的内涵都是明确的，即授权、激励和培训。授权一直是管理者难以胜任的一项任务：一方面，很多人会认为根本无法授权，因为下属不成熟、没有能力，无法胜任工作；另一方面，很多人又认为根本就没有人愿意授权，因为权力是一种象征、是一种责任，更是地位。

授权的能力

我观察到即便很多人主观上愿意授权可还是无法授权。为什么人们无法授权呢？最根本的原因是人们没有真正理解授权是授什么。授权是一个特定的概念，在职责上已经拥有的权力是不需要授权的，授权最根本的原因是需要完成特定的任务，因此运用授权的前提是有特定的责任需要承担，也正因如此，授权在更大的意义上是用来锻炼下属的。所以，授权的先决条件是责任而非其他，如果授权不是权责同时下放，授权会导致权力泛滥和失控。事实上，很多人感受到授权之后的失控并不是授权造成的，而是没有责任造成的。从这个意义上看，授权最根本的原则是保留最终确定责任的权力，该权力不授权；保留确定责任的权力，等于保留了责任界定的权力，同样也就确定了授权的有效性。

激励的能力

管理者的基本责任就是激励下属发挥绩效或者激励上级采用有价值的建议，激励所起到的作用是不言而喻的。对管理者来说，最困难的是对有能力的下属如何激励的问题，而管理者所要解决的正是有能力的人如何用能力创造工作价值的问题。管理者之所以感到困难，是因为激励需要一些基本条件，但是这些条件被很多人忽略。那么这些基本条件是什么呢？激励的基本条件是重要性、可见度、公平感。不管你运用何种激励措施和技巧，这些措施本身对于被激励者是否具有重要性是至关重要的，如果这些措施对于他们来说无关紧要，不管你花多大的努力，都不会得到激励的效果。人们常常容易犯的错误，是以自己对于一件事情的看法代替所有人的看法，把自己认为重要的当成所有人都认为重要的，其实并非如此。可见度是另外一个容易被忽略的条件，激励需要可见度来强化效果，所以激励需要表达可见度，没有可见度就没有激励的效果，而激励是否在一个公平、合理的环境下实施是第三个基本条件。就如奥运会的奖牌，因为世人瞩目而具有最强的可见度，因为与国旗、国歌同时出现而呈现出重要性，因为是通过公认的比赛规则，在体育运动场上竞争出来的，又表现出无可置疑的公平感。这三者的结合使得奥运奖牌具有了不可估量的激励效应。

培训的能力

因为竞争的变化，因为知识的不断更新，更因为创新的要求，人们需要不断地得到提升。其实对于大部分管理者来说，最为紧迫的事情是培养接班人。一位有效的管理者就应该能够培养接班人，并储备接班人。培养下属是管理者的职责，一方面这能够产生工作绩效，更重要的是，管理者能够让自己有更多的时间和空间去处理更为重要的事情。所以有不少关于管理的著作中都描述：管理者应该是一个教练、是一个老师。我一直对GE选拔接班人的做法很感兴趣。杰克·韦尔奇花了10年的时间，为GE培养未来的CEO；而更有价值的是，所有的1000位候选者，在选拔的过程中都得到了全面的提升，虽说最后只有一个人成为CEO，但是有1000人得到了培养，这1000人所积聚的能量，对于GE而言，就是持续10年的核心能力得以传播。在第49届世界乒乓球锦标赛上，我刚好看到中国女队第16次夺冠，除了激动和赞叹之外，更有感于中国乒乓球队的领导力，因为正是不断的培训和培养，才使得中国乒乓球成为世界的领导者。

在领导这个职能上，人们过多地认为领导力来源于权力，我只能够承认这部分正确；事实上，更重要的是如何影响别人去做领导者要做的事情，并能够做好！我曾经在讲授领导职能的时候，强调管理者面对的人，只有两种类型：能把事情做好的人和做不好事情的人。做好事情的人我们需要授权；做不好的也有两种情况：一种是不会做，一种是不愿意做；对于不会做的，我们应该培训；对于不愿意做的，我们应该激励；换言之，卓有成效的管理者，无论面对什么样的人，结果都是一样的，他们把事情做好；这关键在于授权、激励、培训。

近来，大家常常问我：中国是否可以产生一个职业经理人阶层？我想大家关心这个问题是非常自然的，因为中国企业的发展进入了两权分离的阶段，如果没有大批的职业经理人，企业发展会受到阻碍，但是我不能够直接回答这个问题。影响职业经理人阶层出现的关键因素不是企业发展的阶段，而是中国企业家的素质是否上升到一个高度——能够与职业经理人共存。如何建立老板和职业经理人之间良好的工作关系，主动权在老板那里，因此我认为企业家是否具有领导力很关键。之前看过用友公司的王文京与何经华的分手，虽然双方战略上的分歧成为导火索，但是如果不能够很好地运用领导力，即便是在战略上保持一致，也很难让职业经理人把事情做好。这10多年来我们注重了工商管理技巧的训练，但是忽略了领导力的培训，所以出现了“董事不懂事”“老板像总裁”的普遍现象；这些现象不解决，职业经理人阶层就不会真正出现，也就不存在真正意义的企业发展。

组 织 变 革

弗朗西斯·福山在《信任：社会美德与创造经济繁荣》一书中曾经做过如下分析：通常人们都认为日本是重视群体社会和国家“社群导向”的楷模，而美国则是个人社会的象征。许多持这种观点的文献资料都有一个共识，即美国人是按照盎格鲁－撒克逊式自由主义的原则来处世的，在这样的社会里，人们一味地追求自我目标的实现，抵制合作。这样看来，在社群生活方面，美国走到了与日本相对立的另一个端点。

福山看到真实的情况却恰恰相反。如果看看日本和美国的工业结构，就会发现许多有趣的相同点。两国的经济都是由大型企业控制着，国有企业为数不多；它们的家族企业在两国发展史的早期就已经向专业管理和理性组织的企业演进——美国是在20世纪30年代，日本则在20世纪最后几十年。尽管美国和日本还保留了家族型小规模企业，但是绝大多数就业机会都是由所有权分散的大型企业或上市企业提供的。无论是与华人组织，还是和法国、意大利、西班牙的组织比较，这两个国家的工业结构都更为相似。

美国和日本的工业结构

如果说美国和日本在社群心态方面代表了两种相对立的极端，那么为什么在发达水平、工业结构上如此接近，而且不同于其他工业化的国家呢？福山发现人们忽视了对健全的经济和社会至关重要的关键因素，这个因素就是组织结构网络。

就美国而言，尽管美国人普遍认为自己是个人主义者，但是大多数敏锐的观察家和福山一样，他们注意到，美国曾经在历史上拥有过许多牢固而重要的社群组织，这些组织为美国社会文明注入了活力和适应力。与其他西方社会相比，美国有更密集、更复杂的民间组织网络——教会、专业团体、福利机构、私立学校、大学和医院。19 世纪末，马克斯·韦伯在访问美国的时候观察到："从过去直至现在，准确地说它是美国独特的民主特征，并没有造就一盘散沙似的个人，而是产生了一堆闹哄哄、制度严谨却是自发的社团。"他们极善于创立和维持有内聚力的大型"私营"机构，正是美国人率先发展了现代等级式企业（后来又有了跨国企业），以及由此孵化出来的巨型工会。

与美国一样，日本社会也有着密集的自发组织网络，许多组织都是日本人所谓的"家元"(Iemoto）社团，也就是以传统艺术或者工艺为中心的团体，如歌舞伎、花道和茶道。这些社团都是等级式的，像大家庭一样，主持者和追随者之间有很牢固的不同层次的联系，但是他们不凭血缘关系参加，而是在自愿的基础上加入组织。日本社团展现出对组织的高度虔诚，在这一点上它们与美国社团相似，各自为组织贡献自己的一分力量。日本是亚洲唯一拥有健全的私立大学体制的国家（如早稻田大学、庆应大学、上智大学和同志社大学），像美国的知名大学（如哈佛、耶鲁和斯坦福大学）一样。

所以，福山下了一个结论：美国和日本有一种共同的能力，即能够在家庭和国家之间自发地建立牢固的社会团体。这种特性使商业组织快速地超越家族，建立一个不以血缘关系为基础的新的自发性的社会群体，从而诞生合理组织的、专业人员管理的大型企业。

华人组织的家族特征

借鉴福山的研究，我们可以了解到华人组织的特点。华人组织在家庭和国家之间“缺乏中间组织”，中国儒教的本质就是家族主义，儒教通过道德教育，以及把儿女排在其他社会关系之上，而大大强化了家庭的纽带。从这一方面来看，华人家庭比日本家庭更牢固、更有内聚力。爱德华·班菲尔德（Edward Banfield）在他的《落后社会的道德基础》一书中引入“无是非观念的家庭主义”来描述第二次世界大战后的意大利南部农民社区的社会生活。班菲尔德发现，社会关系和道德责任仅限于大家庭之中，在此以外，人人互相不信任，由此导致他们对更大的集体没有责任感，无论是四邻、村庄、教会还是国家。这种描述也许不太契合华人家族理念的状态，但是也从另外一个角度说明家族主义的缺陷。

家族纽带的牢固另一方面意味着，毫无关系的个人之间的联系存在着某种弱点。一旦离开家庭，人和人之间无法建立信任。因此，华人企业以家族企业为主，因而大多数规模比较小，它们往往不愿意招聘职业经理人，因为这样做需要进入家族界限以外的区域，而它们担心信任度不够。这样，支持大规模组织而不讲人情的企业组织结构只能以极其缓慢的速度被家族企业采纳。这些家族企业往往很有活力而且能保持盈利，但是当它们想要使企业制度化，成为更持久的企业，从而不过分依赖于创业家族的财力和能力时，通常会遭遇到巨大苦难。

开放的组织

当今商业环境比以往任何一个时期都相对混乱，这是每个人、每个组织必须面对的事实。组织环境无论是全球性的还是竞争性的或者行业保护性的，都已经变得越来越复杂，越来越处在不可预料的变化中。记得汤姆·彼得斯曾经说过："在今后的10年里，商界的混乱状况将胜过历史上任何时期，而变化节奏也会加快。"

也许混沌理论会成为对管理产生最重要影响的理论之一，混沌理论有三种基本状态。第一，稳定均衡。在这种状态下，各组成要素总是处于或者能够迅速回到平衡状态。第二，有限度动荡（或混沌）。这是一种有序和无序混合的状态。在这种状态下，有许多无法预测的事情和变化，但是一个系统行为的基本模式是可以确定的。第三，爆破性动荡。这种状态没有任何程序和模式，2005年圣诞节的世纪大海啸就可以看作这种状态的例子。

许多组织已经习惯于在近似稳定均衡状态的环境里运行，可是现在它们却发现需要处于有限度动荡或者混沌状态中。中国的大部分企业组织仍处在一个相当稳定的结构中，组织运行还多是沿用一种传统的等级制度的、机械的、稳定的方式。最高管理者设定战略（也有企业聘请外部咨询顾问或者聘请专业人士给予帮助），中层管理人员执行战略。每个企业都将大量的时间和精力花费在留意甚至追求精密的控制和报告体系；随着信息化程度的提高，更多的企业满足于大量的数据分析和一层一层地向上报告。高层管理者也满足于根据数据进行决策和判断，而且对应用新的信息工具沾沾自喜，基层管理者不断地强化组织稳定，形成了一个"超稳定结构"的状态。这样的结构对于降低成本、维持品质以及提高执行力会有极大的帮助。

然而面对全球化环境，以往的"超稳定结构"已经无法适应这个急剧变化的复杂环境。从前运作有效的组织管理模式，已经不再能够那么有效地运行了。企业组织处在一个非常尴尬的地步：一方面需要健全系统保持自身的稳定，另一方面需要把自己置身于竞争环境中不断变化；一方面需要留住优秀的人才，另一方面又需要不断地引进新的人才以打破固有的平衡；一方面需要保持竞争优势，另一方面又要超越自己，放弃固有的东西。

每个企业组织都面临着一个全新的现实：组织不再是一个“封闭的系统”。组织采取的任何行动深受环境的巨大影响（当然组织自身也在很大程度上对环境产生影响）。组织需要把自己的系统改造为一个“开放的系统”，明确了解组织的行动会受到外部和内部的各种因素干扰而偏离既定的方向，组织中不再存在明确的杠杆。

在组织内部打破均衡状态。稳定均衡状态的思维方式倾向于把发展过程看作一种平稳的趋势，这也是管理者产生效率的根本来源。但是当环境处在混沌状态的时候，混沌状态的思维方式是在把发展过程看作一种半稳定的临时状态跳跃到下一个半稳定的临时状态。在混沌状态的思维方式里，所有的发展都是时断时续的，不是平稳连贯的。

混沌状态的思维方式的理解更趋同于实际的市场情况，组织就需要打破自己的平衡来获得市场的机会。管理者此时需要关注的是如何保证组织能够迅速地上升到新的变化空间，在时断时续的发展中，能够处在持续的阶段而避开停顿的阶段。

一起高效工作的平台

经济史学家诺斯（Douglass North）和罗伯特·托马斯（Robert Thomas）直截了当地指出：“高效经济组织架构是增长的关键；西欧高效经济组织的发展带来了西方的繁荣。”这一结论一直被不断地验证。

20世纪初期，福特实现了汽车的大规模生产，他将底盘放在移动的传送带上，然后将工作再分工成一道道可重复的工序，复杂的机器，不再需要专业的技术工人，未受过教育或者没有经验的工人也可以胜任。但是，丰田企业没有完全采用福特的这个方法，而是让车间工人对装配线的运行负有更多的责任，从而在全球汽车工业中异军突起。丰田到底做了什么改变呢？我们可以从威廉·大内的研究中获得答案。

20 世纪 80 年代初，日本经济持续多年的高速增长引起了全世界的瞩目，而支撑经济增长的关键是企业竞争力。在日本经济高速增长时期，日本企业的国际竞争力迅速提高，日本企业大量进入美国市场，抢走了美国企业的本土市场份额。为了迎接日本企业的挑战，美国企业界开始研究日本企业的管理方式。

正如之前提到的，Z 理论认为，一切企业的成功都离不开信任、微妙性、密切的关系，因此主张以坦白、开放、沟通作为基本原则来实行“民主管理”。威廉·大内把由领导者个人决策、员工处于被动服从地位的企业称为 A 型组织，他认为当时研究的大部分美国机构都是 A 型组织。A 型组织的特点为：①短期雇用；②迅速的评价和升级，即绩效考核期短，员工得到回报快；③专业化的经营道路，造成员工局限于自己的专业，但对整个企业并不了解很多；④明确的控制；⑤个人决策过程不利于诱发员工的聪明才智和创造精神；⑥个人负责，任何事情都有明确的负责人；⑦局部关系。

相反，威廉·大内认为日本企业具有不同的特点：①实行长期或终身雇用制度，使员工与企业同甘共苦；②对员工实行长期考核和逐步提升制度；③非专业化的经历道路，培养适合各种工作环境的多专多能人才；④管理过程既要运用统计报表、数字信息等清晰鲜明的控制手段，又注重对人的经验和潜能进行细致而积极的启发诱导；⑤采取集体研究的决策过程；⑥对一件工作集体负责；⑦人们树立牢固的整体观念，员工之间平等相待，每个人对事物均可做出判断，并能独立工作，以自我指挥代替等级指挥。他把这种组织称为 J 型组织。

当增长与技术发展联系在一起的时候，还有一个要素起着同样的作用，这个要素就是一起高效工作的组织。

价值持续

一个能够持续有所作为的企业，一定能够使企业上下产生一种认同感，提炼出一种共同的价值观；能够引导企业成员无时无刻不思考这样一些问题：

- 我的生存和发展的目的是什么？
- 我的最终奋斗目标是什么？
- 我的产品如何被人们所接受？
- 我如何制造出最好的最有竞争力的产品？
- 我怎样把最好的人才集中到企业来，又能最充分地调动他们的积极性？
- 最好的战斗力又能以最团结的力量去战胜一切竞争者？

这些问题的一致性的回答就是企业基石，也就是企业文化，有人甚至说“文化就是解决问题的方式”。企业所具有的文化特性决定了企业所有成员的行为选择，同样也决定了企业面对环境所采取的解决问题的方式，进而决定了企业和环境之间、企业和顾客之间能否保持持久关系的能力。

可以在当地及全球范围内发挥作用的业务模式是唯一真正有效的全球化战略。

——维多利亚·葛瑞菲思

07

第7章

全球化与全球本地化

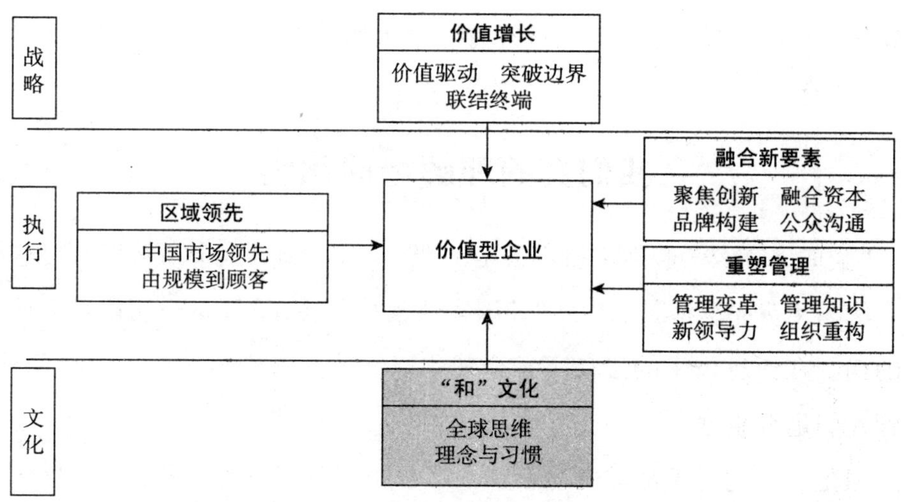

企业文化的本质是创新，这就使企业不断引导创新、适应变革和鼓励改进；所以构建属于今天全新的企业文化是我们必须探讨的内容。面对今天的变化，全球化成为我们需要理解并能运用的环境，但是如果让全员了解全球化对思维和行为方式的调整要求，就需要企业营造适当的环境来激励企业内的变革。实际上，任何一个成功的变革必须是在企业领导者愿意采取创新活动的前提下进行的，无论是人与人之间的情谊或企业中所弥漫的气氛，都会影响创新活动的成败，而企业文化正是塑造这些非正式的人际关系与企业气氛的主要动力。企业文化若能激励与支持变革，将能进一步增进服务全球化的机会。

因此，构建以全球化为基础的新文化有着非常重要的意义。虽然全球化的论点已经得到共识，但并不代表大家明确了解了全球化真正的含义。当我们用全球化来构建我们的远景和战略时，是否就明确全球化所需要的真实前提条件和能力呢？中国企业如果要获取全球市场份额，采用的战略可以是通过购买当地的相应机构、独立开设下属机构或是建立合资企业。然而，中国企业的进入将引起当地企业和政府的激烈反应，并产生连贯的放大冲突。由于担心失去市场份额，当地企业和政府有可能采取各种行动对行业进行保护！这些现象表明中国企业为实现全球化所付出的努力，与全球化本身所要具备的特征之间还存在很大距离。

我们真的理解全球化吗

“全球化就像一艘你不得不乘坐的船。”古巴领导人卡斯特罗曾经这样说。法国《费加罗报》惊呼：“德国人快没裤子穿了！”这一切都是全球化惹的祸。在信息技术的推动下，全球化已经成为人们日常生活的一部分，不管人们是否愿意。

但是，人们对于全球化的理解，却普遍存在着极大差异。托马斯·弗里德曼的观点是，全球化有一个突出的特点——一体化。这个世界处处盘根错节，时至今日，不管是企业还是国家，一个人或者单个企业所面临的威胁或者挑战都取决于他正在与什么发生着关联。全球化导致出现一个不可抗拒的市场一体化，使单一民族国家看到了前所未闻的新技术——这一趋势使独立的或者联合的单一民族国家，可以比以前更远、更深、更廉价地与世界潮流混为一体成为可能，这一趋势也让残酷无情的现实及新体系中遗留下来的问题产生出巨大的反冲击力。

我们看到，全球化正在被这些技术不断刷新：计算机化、小型化、数字化、卫星通信、光导和互联网，这些技术加快了全球化的经济一体化，一旦某个国家参与到全球化体系中，这个国家的发展就必然将置于全球范围内思考。人们在决定生产什么之前，不再问产品销到什么市场上去，而是对全球市场进行研究从而制定出方针，然后再决定生产什么。人们的整个观念都发生变化了。的确，正如托马斯·弗里德曼所言："在全球化的世界里，所有的朋友和敌人都变成了'竞争者'。"

我们也这样进入了全球化的状态，不幸的是，我们还没能准备好。

2004 年对于很多中国人来说，是非常令人振奋的年份，这一年，联想并购了美国 IBM 的 PC 业务，TCL 并购了法国汤姆逊的 CRT 电视业务，华为实现了海外销售和国内销售各 50% 的经营结果。这一年，中国到处洋溢着进军国际市场的热情，人们甚至把联想并购 IBM 的 PC 项目称为"蛇吞象"。但是到了 2006 年，我们看到了这样三个案例。

TCL 欧洲失利

"压力最大的时候，人几乎失控，发脾气，见下属、客户都耷拉着脸，李东生走不出来，企业也走不出来，企业内部人心惶惶，对决策几乎失去了信心。"《中国企业家》杂志总编辑牛文文这样表述 2005 年的李东生和 TCL 给他的印象：描述一个人状态不好时，经常用"面带菜色"这个词来形容，但那时的李东生脸上"简直是地狱的颜色"。

"过去 20 多年，从电话、彩电到手机，TCL 一路高速成长，顺风顺水。"牛文文说，李东生在最有自信的时候突然遇到了业务上的大挫折，而且这个挫折超出了自己的掌控能力，打击当然巨大。让李东生脸上有"地狱的颜色"的原因，是 TCL 多媒体并购法国汤姆逊彩电业务后的连年巨额亏损。

2004 年 7 月，TCL 多媒体（TMT）并购法国汤姆逊企业彩电业务，双方合资成立 TCL 汤姆逊企业（TTE）。新成立的企业主要在欧美销售彩电。按照李东生的设计，TCL 国际化战略由"两条腿"走路，在欧美走并购之路，在新兴市场打自主品牌。早在20世纪90年代初，TCL就开始以OEM（贴牌生产）形式为国际品牌代工。1998年年底，TCL开始在越南设厂，一年多后开始盈利。依照攻下越南市场的经验，李东生充满激情地宣称，用18个月在欧洲市场扭亏。

李东生的梦想是将TCL做成一家“受人尊敬和最具创新能力的全球领先企业”。并购汤姆逊以后，TCL几乎在一夜之间成为全球彩电业的霸主。李东生当年成为《财富》杂志的年度亚洲商人、中央电视台的年度经济人物。

虽然并购法国汤姆逊提前圆了TCL全球彩电霸主之梦，但问题是，它最终变成了压在TCL肩上的一个债务包袱。其实，汤姆逊已是一家日趋衰败的企业，该企业彩电业务2003年就已亏损17亿元，TCL在并购交易之前就已埋下隐患。2005年，TCL从汤姆逊手中接过其欧美的彩电营销体系。但是，欧洲业务亏损的势头没有遏制反而扩大，尤其恰逢彩电业从CRT（显像管）电视向平板电视转型，给TCL的国际化进程带来了困难——TCL原来欧洲业务的管理体系只适合CRT时代，汤姆逊以前的技术优势主要在背投电视。另外，TCL技术进程比其他厂家慢一拍。2005年5月，平板电视已开始大幅降价，而TTE产品这个时候才开始大规模投放市场。当年圣诞节是液晶电视的销售旺季，TTE却由于没有获得低成本液晶面板的供应，只能眼睁睁地看着“肥水”流入“他人田”。

并购交易两年后，2006年第三季度，TCL彩电业务在美国市场首次出现当季盈利，但距离兑现18个月在欧洲扭亏的诺言依旧遥遥无期。而截至2006年9月30日，在欧洲业务上的累计投资损失约2.03亿欧元（约合人民币20.3亿元）。2006年10月31日，TCL集团终于对外宣布，终止欧洲分企业OEM业务之外的所有销售和营销活动，并不得不开始裁员。

明基西门子之痛

2007 年，明基电通股份有限公司董事长李耀公开承认，收购西门子手机部门至今，明基为此已亏损 8 亿欧元，此次收购决定“已被证明失败”。李耀称，明基电通现在已停止向德国明基移动注资，并解聘了 1900 名德国员工。

2005 年 9 月，明基高调宣布收购德国西门子手机部门，一跃成为全球第四大手机制造商。当时，这笔交易曾被外界视为很“划算”的交易：明基分文未出，西门子手机业务还另外补贴给明基 2.5 亿欧元。不过，有一个前提是，西门子手机日亏损高达 120 万欧元。李耀曾对外表示要在一年之内让西门子手机扭亏，明基当时准备了 8 亿欧元，计划用两年时间来消化可能带来的亏损。但 2006 年 9 月 28 日，由于陷入不断增加的亏损黑洞及股东方的压力，明基不得不宣布，停止向其德国手机子企业 BenQ Mobile 注资，这家子企业将会申请破产保护。明基电通认为：“这一业务再实现良好运转的机会已经非常小了。”

按照李耀当初的设想，预计明基 2005 年第四季度亏损 1.5 亿欧元，2006 年亏损 5 亿欧元，并在 2006 年年底实现扭亏，这样除掉西门子补贴的 2.5 亿欧元，至少还要亏损 4 亿欧元。为用来防止整合效果的延后，当初的计划是明基预备设定两倍的亏损额，也就是 8 亿欧元，而到 2006 年年底，原来以双倍预计设定的“亏损准备金”已全部耗尽。明基四季度亏损超过 2 亿欧元，这意味着未来的情况会更糟糕。

华为海外理念

华为的企业文化在国内独树一帜，狼是最聪明的动物之一，狼的狩猎成功主要原因是秩序井然、集体行动、分工合围。华为把狼文化当成企业文化，从狼的生存能力、集体智慧和组织结构，来概括企业生存之道。

华为已经是全球的知名品牌，但是如果它不能成为欧洲电信企业的主流设备供应商，这个品牌就没有意义，华为就无法发展。为了生存，华为非常乐意地与欧洲的主流电信设备供应商沃达丰合作，为沃达丰生产贴牌的2000万个手机。一个堂皇的世界超级电信设备供应商去为别人生产OEM的产品实在是不可思议的事情，但华为的企业文化中早已包含这种做法的教义：技术、资金和管理都要向服务的接口统一。

海外华为在企业官方的言论中传达出这样的信息："破除了狭隘的民族自尊心就是国际化，破除了狭隘的华为自豪感就是职业化，破除了狭隘的品牌意识就是成熟化。"为了生存，华为与西门子、NEC、松下、TI、英特尔、摩托罗拉、朗讯、Sun、IBM等多家企业开展多方面的研发和市场合作，这些海外客户还包括西班牙电信、英国电信及沃达丰。

当华为进军海外市场的时候，遇到了国际电信设备制造商兼并的暴风骤雨，本来缩短的差距又再次拉大距离，本来做好的部署又需要重新调整。狼在没有肉食维持生命的时候，也不得不吃草以维持生命，华为海外求生的作战已经到了最艰难的境地，OEM就是华为海外求生的应对措施。

这让我想起了吴霁虹在《下一步：中国企业的全球化路径》这本书里所描述的旅鼠的故事。旅鼠大多生长在地球的北端，如美欧、加拿大，它们靠吃植物和杂草为生。一个广为流传的悲壮情景是：每隔一定周期，成千上万的旅鼠就会集结成一个巨大群体朝一个方向直线迁移，直到海边的悬崖峭壁，它们毫不犹豫地纵身跳下，最终全军湮没。

其实，旅鼠自杀只是人们的误解。真相是，旅鼠宁愿相互厮杀也不愿意选择自杀的道路。旅鼠也许是世界上繁殖能力最强的物种之一，它们每隔6周就可以繁殖出新的一代，它们赖以生存的食物生长赶不上它们生育繁殖的速度，为此，旅鼠的一生都在为抢夺本土食物资源忙碌。当旅鼠的数量剧增、本地资源耗尽而导致争夺食物、空间甚至配偶的竞争愈演愈烈的时候，为了寻觅生存所需要的新的食物，旅鼠群中就会"流行"集体出逃寻觅新的生存之地，甚至不惜跳下大海，企图在海的对岸找到新的栖息地。可悲的是，它们贸然进入自己不熟悉的领地，不惜一切超越自己的危险极限，其结果就导致了“自杀”现象。旅鼠所具备的能力和智慧不足以支持它们漂洋过海。

所以，并不是我们能够对海外投资，或者产品销售到海外，就意味着全球化了。事实上，到目前为止，我们对于全球化的认识还是有很多困惑，甚至不能够明确地给出一个简洁、清晰的解释。托马斯·弗里德曼用“六维”眼光来看“全球化”，这“六维”是：金融领域、政治、文化、国家安全、技术和环境保护。即便是托马斯·弗里德曼本人，也承认这也不是全球化的最后内涵。全球化应该是更宽广的视野，更变化的视角，更广阔的未来。

全球化盛宴的背后

当我们还不能够给全球化一个清晰、简洁定义的时候，很多企业反而在行动上实现了全球化。

NBA 的全球化体系

对于中国人来说，姚明是一个奇迹。当姚明踏上 NBA 征途的时候，我们知道，全球化为许多特殊人才创造了一个更公开、更统一的全球大市场，由此产生的直接结果是，中国和 NBA 连接在一起。以往并不是一个典型 NBA 球迷的中国观众，由于姚明出现在 NBA 赛场，中国关注每一场火箭队的比赛；随着易建联的出征，雄鹿队的赛事也备受关注。NBA 因为姚明和易建联而进入了中国人的生活。

NBA 球员和策划者、领导者是全球化最大的得益者，对于全球化，没有人比 NBA 管理委员会的大卫·斯特恩懂得更多。斯特恩说，由于技术的普及，NBA 突然发现，要求转播他们比赛的人“成倍”增加（通过闭路电视、卫星电视、互联网、纤维光导和传统电视），有时好几个国家共享一套设备。NBA 现在与世界上 90 多个转播站有联系，它们用 41 种语言将 NBA 的比赛在 190 个国家播出。就是中国，每星期也直播。

国际贸易的展开、出国旅游的限制减少，为各种消费品提供了一个巨大的市场。希望打入这个市场的企业，都迫不及待地贴上全球化的商标，以便同时跨越地区和国家，NBA 球星和 NBA 商标正好可以承担这个角色。斯特恩说："雪碧使用 NBA 商标同时占领了丹麦和波兰的市场，因为该商标使雪碧更有国际优越感，任何市场都能接受。"

1998 年乔丹退役前不久，《财富》杂志算了一笔账，自从 1984 年乔丹加盟 NBA 后，他为美国创造的财富是 100 亿美元；《体育新闻》报道："乔丹的价值没有估计全，1995 年 3 月，他在中断 3 年的篮球生涯后重返 NBA 时，同乔丹签约的 5 家企业的股票——麦当劳、耐克、通用电气、莎莉集团、魁克麦片公司——在两周内飙升了 38 亿美元。"制造板球和篮球的得斯克企业在《体育新闻》上刊登了一则广告，广告画面上乔丹双手紧握地球，而地球和篮球大小相等，地球边上有几个字："就这么大？" NBA 让我明白全球化意味着什么，正如福特企业的一则一语双关的广告语："福特：赢得了世界。"

沃尔玛的全球化

在国际市场，什么样的战略会获得成功呢？这是我们一直关注和研究的问题。一些全球领先的品牌，如麦当劳、波音、可口可乐、吉列等都是通过标准化战略取胜的，伦敦商学院的全球化问题专家乔治·叶（George Yip）教授指出："麦当劳之所以如此成功，是因为它针对当地市场所做的改变极小。"

是的，跨国企业最初选择通过标准化方式树立品牌形象，其原因就在于这是迄今为止能成功地将本地产品传播出口到多个国家，并实现通过可负担的价格提供稳定质量的提高成本效率的方法。跨国企业所做的改动越少，它们就越可以分摊管理成本，而通过满足当地消费者对于国外产品的偏好，跨国企业可以使产品与众不同，并且避免直接与更加了解市场的本土企业进行竞争。

但是，很多跨国企业发现，当开始与人们在日常生活中全面接触时，顾客体验不仅仅停留在异国风情之中，他们更希望自己的日常生活习惯不要改变太多。例如，一周吃两次汉堡包和一杯可口可乐的中国人，如果找不到符合他们文化习惯的商品——无论是食品、服装还是其他商品，他们就很有可能拒绝购买。

全球化会带来很多挑战，我们看看英国玛莎百货公司（Marks & Spencer）所遭受的困难。20 世纪 80 年代晚期，它曾是英国最受尊敬的企业之一。当时，这家公司感受到了英国市场的约束，于是在欧洲大陆开设了 63 家分店；很快，全球化迅速对这家企业提出了挑战。当企业试图将它的英国式审美观灌输给外国客户时遭受到了巨大的困难，西班牙人和法国人对企业衣服的款式没有什么兴趣。

由于高层管理者坚持所有分店都必须销售高级英国商品，这降低了该集团在欧洲市场的竞争力。2001 年，该企业宣布它计划从欧洲大陆撤出，稍后同意将它在法国开设的 18 家分店出售给法国的老佛爷百货（Galeries Lafayette）。分析者指出："玛莎百货公司是一个面向英国中产阶级、多样化的供应商，它了解目标消费群体的需要，这种经验不可能完全被移植到其他国家。当跨国企业需要依靠了解当地客户来发展业务时，它们很容易犯错误。"

玛莎百货公司案例在零售行业产生了很大影响，人们发现这个企业的问题之一就是太过英国化，事实上，只有将运营效率和针对每个外国市场的产品以及服务定制结合起来，才能够产生理想的经营结果。但是，这并不是一个简单的解决方式，定制符合本地需求的商品非常困难，而且这样做也破坏了其他全球化的企业取得成功的规模效应。如果不解决这个问题，全球化战略是无法真正取得成功的。

沃尔玛于 1991 年开始从美国向海外拓展以来，一直大力推行全球化。在全球化扩张的道路上，沃尔玛充分利用了源自美国国内市场的两大关键资源。第一，沃尔玛和宝洁公司、贺曼公司、凯洛格、雀巢、可口可乐、辉瑞、露华浓、3M 等供应商巨头保持密切供销关系，从而为沃尔玛的海外连锁店提供了高效的供货渠道；第二，沃尔玛还可以利用其完善的国内信息库以及商店管理、经营技巧、广告推销、物流、IT 部署等方面的能力为其海外分店提供帮助。

除了这两点之外，沃尔玛全球化战略的成功更依赖于市场本地化的实施。1996 年，沃尔玛准备进入中国，希望这个拥有 640 个城市、13 亿人口的大国能成为企业发展的载体。这是一个非常明智的决策，因为中国消费者相对低的购买力为沃尔玛这样的廉价折扣零售商提供了巨大的发展空间。同时，考虑到中国本地市场的特点，沃尔玛做了前期的准备。

1992～1993 年，沃尔玛分别与伊藤洋华堂（Ito-Yokado）和八佰伴（Yaohan）这两家日本零售商签订了低价商品的购销协议，作为条件，这两家日本零售企业在日本、新加坡、中国香港、马来西亚、泰国、印度尼西亚和菲律宾等地销售这些低价商品。接着在 1994 年，沃尔玛通过与总部设在泰国的卜峰集团（C. P. Pokphand）组建合资企业，成功地进入中国香港市场，在中国香港开设了三家超值俱乐部（Value Club）会员制折扣店。在此基础上，沃尔玛开始了对中国市场的拓展。

1996 年，沃尔玛从深圳进入中国市场，在人们还在观望沃尔玛在中国市场是否会成功的时候，沃尔玛以更大的力度开始了在中国的采购商品业务，并且输出到其全球连锁店中。这期间，深圳高交会、广州商品交易会、顺德国际家用电器博览会，都是沃尔玛采购人员光顾的对象。

在这些会上，沃尔玛采购人员每次都能签下大量订单，仅在广东一年的采购额就达到 80 亿美元，而且这个采购量仍将以 20% 的速度递增。正是在了解中国商品和供货环境的基础上，沃尔玛才开始了对中国市场大力度的开拓。

家乐福的全球化

20 世纪 70 年代初，法国的家乐福开始了全球化的战略，而且一发不可收，到了 20 世纪 80 年代，又开始进入亚洲市场。土耳其的家乐福是土耳其式的，巴西的家乐福是巴西式的，中国的家乐福是中国式的……确认当地居民的需求和希望，推荐他们期待的商品和服务，这是家乐福家族的办店理念和根本。

“与所在地的周围环境融为一体”“按照当地的民情民意办店”。这种战略从家乐福 20 世纪 70 年代开拓国际市场时就实行了，40 年来一直是家乐福经营的法宝。

中国的家乐福有其独自的特点：家乐福细心地发现自行车是中国人主要的交通工具，所以北京和上海的家乐福出售的矿泉水多是散装的，而不像其他国家多是 6 瓶装的纸板箱。出售的面粉和粮食也多是小包装的，在中国南方的家乐福超市，人们可以买到烤乳猪、活甲鱼等鲜活的商品。

日本是个多地震的国家，那里家乐福的天花板不仅低，还用较轻的建筑材料制成。日本人买的菜都是事先包装好的，他们不喜欢散装，也很少过秤称。

在泰国的家乐福超市里，人们会发现里面装满肥皂、牙膏和食物的小塑料桶，这是专门为那些施舍僧人的顾客准备的，他们常常购买这些商品送给僧人。

家乐福在每个门店开店之前，都要进行长期详细的市场考察，诸如当地的生活方式、消费水平、人口增长、都市化水平、居住条件、兴趣爱好、传统习俗、储蓄情况、宗教信仰、意识形态、中产阶级比例、女性化程度等。在能够全面了解本地情况的前提条件下，家乐福才会决定设立新的分店。家乐福之所以能够在全球市场获得成功，正是因为它能够理解本地的消费习惯并且带动消费习惯的改变。

全球化就是全球本地化

所有跨国企业都需要在一定程度上定制它们的产品以符合本地市场。麦当劳企业在德国销售啤酒，在法国销售葡萄酒，在澳大利亚销售羊肉馅饼，在菲律宾销售麦当劳意式面条。肯德基企业在中国销售老北京肉卷、芙蓉鲜蔬汤。即使一直以标准化自称的可口可乐公司也已经开始采用一种它自己的“全球本地化”战略，在过去的几年间，可口可乐公司通过与其他公司结盟，开始将它的产品拓展到果汁和其他饮料市场，以求更好地针对当地口味来设计产品。

到这里，我们应该可以明白为什么 TCL、明基无法实现自己的宏愿，为什么华为在国内备受推崇的文化到了海外市场需要做这样的调整，为什么 NBA、沃尔玛和家乐福可以全球扩张而且取得成功。真正的全球化应该是“全球化思考，本地化行动”，这就是著名的“全球本地化”方法，这个方法建立在对外国消费者存在文化差异的购物习惯的深入了解和积极反应的基础上，必须让企业的各方面充分适应当地环境。

适应当地环境

企业首先必须了解当地市场的特殊性，这样才能够确定企业的经营模式中哪些部分可以保留，哪些部分需要进行本地化，还有哪些部分需要彻底改变。沃尔玛进入中国市场的经历就是一个很好的证明。

1990～1995 年，在经济迅速发展和人们巨大的消费需求被释放出来这两个因素的推动下，中国国内的零售总额以每年 11% 的速度持续增长。但是，由于很多政策难以预测，当时中国基础设施还不完备，所以中国市场内还存在着一些独特的问题。此外，中国中等收入群体可支配收入水平明显低于美国水平，即使以折扣销售为导向的沃尔玛也必须彻底地改变自己的经营模式，才可能获得目标人群的购买力。

沃尔玛必须接受大多数中国人只能小量购买商品的事实，并且承认由于语言不同，企业需要调整产品标签和品牌名称等市场营销的方法。沃尔玛在中国市场中进行了多种尝试，寻找最受顾客欢迎的商店形式。其中之一，就是在深圳采用的超级购物中心形式，这个购物中心采用了一种商业中心和仓储购物商店相结合的购物形式，既采用会员制销售，同时对非会员提供“当日特价商品”。深圳超级购物中心还尝试售卖以男士为主的货品；开办了一些规模较小的卫星店进行试验，力求把握中国运输和购物的发展趋势，适应中国人的购物习惯。

沃尔玛除了在中国尝试不同的商店形式外，还检测了不同商品，以确定哪种商品对消费者更有吸引力，哪种商品更适合中国文化背景。因此，沃尔玛开始采购品种更为广泛的产品，尤其是中国人喜爱的生鲜食品。

实现当地采购

本地化的采购战略有着显著的优势。特易购和沃尔玛都是很好的例证。在斯洛伐克，特易购 60% 的非食品类的商品都是当地生产的；在波兰，特易购与 1300 家本地企业建立起合作关系，当地生产商品所占比例接近 95%。

沃尔玛在产品进货方面在中国市场做出了三种选择：第一是从国际供应商所在地进货；第二是从国际供应商（如宝洁）设在中国的厂家进货；第三是从中国当地的厂家进货。沃尔玛最终选择了 85% 的货品通过结合第二和第三进货渠道安排进货。这样，一方面满足了当地顾客购买美国生产的高档消费品的愿望，另一方面又缓解了当地政府鼓励购买本国产品给企业带来的压力，同时确保实现更低的采购成本。

聘用当地员工

家乐福的成功是基于管理技术上的本地化。本地化就是要把先进的技术和理念拿进来，如果企业本身的技术还赶不上当地的技术，就无本地化可言。接下来，就是让自身的经营模式与当地市场、管理、服务磨合，使之习水性。而在这之后就是把管理人员本地化，培训初、中、高级管理人员，这才能完成本地化的三部曲。

本地人都希望自己的上司是自己的同胞，这使他们感到他们自己也有提升的机会，同时沟通和理解上没有障碍。很多跨国企业员工表示，他们在向具有同样文化背景的人汇报工作时感到更加自在一些，这样才可以激发所有员工的积极性。

然而，拥有大量的外籍总监对于总部来说，将带来更大的管理难度和复杂性。而聘用的本地人员通常并不熟悉总部的企业文化，如果高层管理人员不能够全心全意地接受该企业的价值观，底层员工就可能会更加难以接纳企业的工作要求。

同样，语言也是一大障碍。本地员工可能无法听懂总部经理所说的语言，自然也就无法行使指令，经理人无法确定他的建议是否能够被员工清楚地理解，甚至在某些文化层面，人们认为讨论时没有相互听懂并理解是一件很丢面子的事，所以尽可能掩饰自己没有听懂这件事。这些障碍都需要经理人去克服。我认为，与本地化员工带来的企业绩效相比，这些障碍显得微不足道；因为本地员工更了解他们的顾客，可以确保和顾客进行有效沟通。

拥有全球思维

随着全球经济和政治的展开，全球化的经营模式势必是企业所必须面对的选择。真正有效的全球化战略包括制定对于符合当地文化的市场开发计划，以及在当地及全球范围内建立发挥作用的业务模式。

也许了解这一点不算太困难，因为在全球市场上中国企业所经历的痛苦和教训，已经让我们开始明白全球化的真实含义。但是从20世纪90年代开始的中国企业的全球化努力为什么没有达到想象的程度呢？

问题的根源显然不在于市场，也不在于中国企业和世界跨国企业之间的差距，根源在于中国企业本身，在于中国企业全球理念的缺失。

企业如何去寻找成长空间，是每个经营者都必须清楚的问题。在全球化经济环境中，回答似乎是不言而喻的：企业应该在产业机会和市场机会的生长演变中去寻找成长空间，而今天的产业机会和市场机会都在全球化背景之下。但是，中国企业对于全球市场、产业、金融、政策、商业机会和危机控制等因素都不够敏感；对经营环境的变化也不够敏感。究其原因，就是中国企业的思维空间相对狭窄，由于思维空间延伸不够，大量产业机会和市场机会在中国企业的视野之外生生灭灭，再大的产业和市场空间都与中国企业无关。

这种现象很容易让人联想到德鲁克关于企业成长的一种说法：一个组织只能在其价值观内成长，企业的成长受它所能达到的价值观限制。

套用德鲁克的这种表述，我们可以对中国企业全球化进程做出这样的判断：中国企业全球化成长只能在其思维空间之内成长，中国企业的成长受所能达到的思维空间限制。中国企业在全球化市场依然沿用自己习惯的思维方式，依然沿用自己在中国本土市场所形成的经营模式，这也许就是中国企业全球化进程中多受阻碍的根源所在。

研究证明了环境是影响思维和行为的根源，中国环境下产生的企业思维和企业行为，必然与西方环境下所形成的企业思维和企业行为不同，从而导致了不同的价值观体系。而不同的价值观体系又决定了企业创造不同的价值，并最终决定企业不同的创新素质。经济学家熊彼特的这段话可谓一针见血：“没有发展就没有利润，没有利润就没有发展，对于资本主义体系还必须补充一句：没有利润，就不会有财富的积累。”美国企业就是这类专注于创造利润的实用主义者，善于借助于一切技术和机会来创造并提升利润的能力，前美联储主席格林斯潘就曾经说过这样一句话：“在20世纪，美国国内生产总值的总量没有增加，但其价值却增长了20倍。”

相比之下，中国企业却是在一个有着“义利之辨”的中国文化背景下成长起来的。改革开放初期，人们还在为“致富是否就是资本主义”辩论，今天虽然财富成为人们追求的目标，但是依赖于中国环境和传统文化所形成的企业价值取向和思维方式，依然对中国企业经营带来很多影响。

随着改革开放的深入，人们一下子又从“殉义”的背景下跳入“逐利”的大海中，为了获得利益不惜牺牲原则、准则。在这30年间，中国企业表现出来的短视、急功近利、拼杀价格的行为比比皆是。这样的价值取向，在一个阶段里，让中国企业得到了快速的发展，尤其表现在中国本土市场上；成功地引领了市场份额，包括索尼、IBM在内的跨国企业都在中国本土市场输给了中国家电企业和PC制造企业。

但是，到了海外市场，我们在中国市场上称雄的模式，没有产生任何作用。我想起了对于易建联的报道，美国的体育媒体说，易建联有着很好的潜力，但是却常常犯规，相对于同样是新秀的美国球员来说，易建联明显地缺少职业化训练。中国企业是否也是如此呢？正如吴霁虹教授所总结的那样，跨国企业优胜之处，正是中国企业的弊端：

（1）它们（跨国企业）在科技发明的基础上永无止境地创新发展（技术产业化），而中国企业善用关系、获取政策等资源；

（2）它们耐心地选择有机的成长方式，并在成长过程中一开始就专注于做强，而中国企业较浮躁，倾心于快速、超速、飞速；

（3）它们经历无数竞争和经济萧条周期的锤炼而积累起来的经验曲线，足以使它们充满智慧地对待机遇和危机，而中国企业一直伴随着 GDP 漂亮的增长曲线成长，它们的经验单纯、浅薄；

（4）它们拥有超群的智库专家（如全社会的经济学家、管理学家、咨询专家），不断地将它们的实践经验提炼成理论，促使它们的知识结构不断更新，而知识和它们超强的学习能力使它们追求创新成为可能，中国企业大都处在知识（包括经验曲线）的饥渴状态，并且饥不择食；

（5）支撑它们做强的动力是个人奋斗的激情、社会责任感和历史使命感，中国企业的动力可能比较混杂，还没有形成主流。

确立全球思维

全球理念的形成需要有全球思维的确立，只有借助于全球思维能力的培养，中国企业才能够在全球化进程中不再遭遇挫折和障碍。事实上，中国人非常有智慧，也有很强的学习能力，但是进行思维方式的调整，却是一个非常困难的事情。我一直在大学讲授“企业文化管理”课程，我们知道文化最重要的特征，也是最重要的特性就是思维方式，作为文化的表现方式的思维决定人们的行为选择。因此，如果中国企业还是习惯于用固有的思维方式和行为在全球市场上竞争，结果一定是欲速则不达。

我们需要确立全球思维，在内部原因方面，中国企业需要跨越这些成功陷阱：改变单一产品的成功、改变单一资源的成功、改变企业家个人的成功、改变没有付出规则成本的成功，中国企业如果不跨越这四道门槛，是不可能持续做大的。企业必须挑战以往成功的惯性思维，对市场环境变化有充分的认识。

在外部原因方面，企业经营的外部环境也使具有全球理念成为发展的必需。首先，中国企业所面对的是具有全球理念的跨国企业，这些同行和对手要求中国企业用国际规则来竞争。其次，中国市场已经是全球市场，来源于消费者的选择使得中国企业具有全球理念；如果还是沿用中国自己的消费理念和消费习惯来判断，想赢得消费者的选择和忠诚那是幻想。这些来自企业外部的挑战，迫使中国企业进行战略性的思考，即围绕企业战略需要，培育企业战略竞争力和整合相应产业资源，发现和做实新型产业盈利模式。

全球思维之系统性

首先，从系统论的角度来讲，企业战略本身作为一个子系统，它必然遵从“整体大于部分之和”的规律。企业战略的制定需要综合分析企业内外部环境，把企业放到历史和现实的时空中来综合考虑，需要企业的资源、能力、专长与外部环境相互匹配。同时为了实现企业战略，企业对内部资源和专长与非专长的配置也应当是从总体上考虑的，注重的是总体最优。

其次，从系统论的结构功能原则来看，有三点论述是极为重要的：一是要素不变时，结构决定功能；二是结构、要素都不同则可以有相同的功能；三是同一结构可能有多种功能。结构和要素的匹配是辩证组合关系，因此对于企业实际操作来讲，找到企业成功的诸多要素是一回事，而要获得这些要素的合理组合方式，使成功成为现实，则是另外一回事。目前取得成功的跨国企业，都能够找到促使在这一领域取得成功的关键要素，并能将这些关键要素组合起来，使之发挥最大效应。

系统思维还表明，企业发展是一个动态、不断发展的过程，一方面是企业战略内涵需要不断深化、丰富，另一方面是战略视野也需要不断拓宽，唯有把自己放在全球化时空之中的企业，才有机会找到自己的位置，也只有能够不断地为全球贡献价值的企业，才能够得到发展的机会。

全球思维之创造性

德鲁克在其著作《创新与企业家精神》[⊖]一书中，如此阐述了他对于创新的认识："创新"是一个经济或者社会术语，而非科技术语。我们可以用萨伊定义企业家精神的方式来对它下一个定义：创新就是改变资源的产出。或者，我们可以按照现代经济学家的习惯，用需求术语而非供给术语对它加以定义：创新就是通过改变产品和服务，为客户提供价值和满意度。

德鲁克认为，成功的企业家不会坐等"缪斯垂青"并赐予他们一个"好主意"；相反，他们努力实干。总而言之，他们不求惊天动地，诸如，他们的创新将掀起一场产业革命，或者创造一个"亿万资产的生意"，或一夜之间成为巨富。有这种夸张而空泛、急于求成想法的企业家几乎注定要失败，他们几乎注定会干错事、走错路。一个看似伟大的创新，结果可能除了技术精湛以外什么也不是；而一个普通智慧的创新，例如麦当劳所做的创新活动，反而演变成惊人且获利颇丰的事业。

因此，创造性就是指将一种"物质"转换成一种"资源"，就是将现有的资源结合在一种新型的、更具生产力的结构里。

资源包括有形资源和无形资源。有形资源如厂房、设备等，比较容易进行识别和评估；无形资源如品牌、客户关系、产业链上下游关系、产品设计能力等。无形资源很难进行客观的价值衡量，却能带来意想不到的效果，例如企业的重要资源之一——人力资源。拥有资源是企业获得竞争优势的最重要途径。在发展过程中，企业必须不断发掘并掌控那些不易被对手模仿的资源，而且这些资源还要与企业的长期目标完美契合，从而获得可持续的竞争优势。

企业战略能否得到执行，最简单的评估标准就是判断企业是否有相应

⊖ 此书中文版已由机械工业出版社出版。

的资源投入。因为在现实中，任何企业拥有的资源都是有限的，作为企业家，一个重要挑战就是如何把稀缺的资源应用到那些真正符合企业长期战略目标的方方面面。

比如华为的技术研发资源，掌握着多项专利。在众多中国企业都在抱怨自己缺乏研发能力、不得不陷入价格战的泥潭时，有谁舍得并敢将 10% 的收入投于研发、培养高水平的研发人员？华为却敢为人所不为，并坚持到最后。《华为基本法》“从每年收入中至少拿出 10% 投入到技术研发”作为企业发展的根本章程写了下来。在这种指导思想下，华为成为行业先锋也就不足为奇了，因为华为具有了创造性的思维能力和条件。

全球思维之打破边界

在企业边界的理论探讨中，我们知道，传统企业生存和发展取决于成本之间的比较，也就是企业边界由成本决定。因此，我们看到绝大部分企业从规模上寻求突破，且获得非常明显的效果正是这个原因。

通常来讲，企业外部边界是企业与供应商、顾客、政府管理机构及社区等外部环境的隔膜，这些隔膜在传统组织中往往泾渭分明，使得一些组织与外部环境之间形成一种内外有别的关系。企业借助隔膜最大限度地保护自己，讨价还价、施加压力、隐瞒信息、互相厮杀等成了必不可少的手段。泾渭分明、消极防御的外部边界造成了企业的高交易成本，阻碍了企业自身的发展。根据热力学的第一定律，孤立、封闭的系统，最后都要趋于热平衡，迟早会“死亡”，而耗散结构理论解释，系统在与外界环境交换的过程中可以保持“活的”结构，企业持续存在必须具备的前提条件是：充分开放，与外界充分交流能量、物质和信息。因而，现代企业边界是有机的、活性的，除隔绝有害的成分以外，它必须是开放的、可穿透的。由此推论：企业外部边界的高可渗透性是企业获得持续发展、不断创新、适应环境的标志。

全球思维之价值追求

我们来看看施乐公司的价值追求。施乐公司的前身是拥有复印机专利权的哈罗伊德公司。当时所有大印刷生产商都认为复印机没有销路，因为当时复写纸非常便宜，但是如果购买一台复印机，需要至少 4000 美元。因此，大印刷生产商都认为没有人会花这样一大笔钱来购买如此昂贵的复印机；当时花 4000 美元购买一台设备，需要董事会批准，绝非易事，因为花这样大的价钱购买的设备，只是帮助秘书工作，觉得不可思议。但是，哈罗伊德公司也就是现在的施乐公司创造了一种全新的方式，企业并没有直接销售复印机，而是销售复印机所产生出来的复印件，每一张复印件只需要 5～10 美分，这无须写拨款申请，复印费属于办公的“小额备用金”，秘书可以自行支配而无须申请。哈罗伊德公司成功地拥有了复印机专利，并获得了新的成长契机。

这种对顾客价值的明确理解，并创造性地实现顾客价值正是全球思维的内涵，对于今天全球化的市场而言，企业战略就是要向顾客提供所需的价值，而非提供产品。我曾在《超越竞争》这本书里围绕着这个核心思想展开自己对于新经营环境下，企业经营模式改变的探讨，这个核心思想就是“企业时代结束，顾客时代开始”。具有这样思维的企业领导者，才能真正了解到目前环境下，企业应该采取的经营策略是什么，一定是围绕着顾客价值展开，一定不是围绕着竞争展开。

就是由于洞悉了顾客所需要的价值，小小的哈罗伊德公司在 10 年间就成为资产达数十亿美元的施乐公司，并且获得了空前的利润，这些利润都是企业应得的，因为企业满足了顾客的需求，向他们提供了他们所希望的东西，换言之，哈罗伊德公司让顾客觉得物有所值。

也就是说，全球思维需要的是基于顾客的角度来思考问题，不断地询问“顾客真正想购买的是什么？”当企业能够考虑顾客的需求、顾客需要的效用、顾客所看重的价值和他们所面对的现实情况的时候，企业战略几乎就成功了。引用德鲁克的一句话："所谓创新，就是市场或社会的一项变化。它能为用户带来更大的收益、为社会带来更强的财富创造能力，以及更高的价值和更强烈的满足感。检验创新的标准永远是：它为用户做了什么。"

中国企业在经历了30多年的快速发展之后，迎来了全球化的经营环境，正如哈佛大学经济学家丹尼·罗德里克在其研究报告中指出的那样，"这不是你要不要全球化的问题，而是你如何全球化的问题。"这也是中国企业所需要面对的问题。

理念和习惯

在1999年1月瑞士达沃斯世界经济论坛上，主办方为对东非和北非地区的电信事业感兴趣的人们举行了一次午餐会，一位来自西方国家的技术爱好者，对该地区的男性出席者们，热心地大谈通信革命能为发展国家带来的经济利益，但听众们却反应平平。后来，另一位来自西方国家的、对该地区十分熟悉的妇女，对演讲者低声地说："其实，许多人担心的是家庭上网对他们妻子的影响，因为这将为妇女打开一扇通向世界的窗口。"理念和习惯决定着人们的行为选择。在理念和习惯这一点上，中国传统的文化具有先天优势。

融合的价值取向

邓文迪是谁？一个身段袅娜的广州女子，21岁就通过跨国婚姻取得了美国绿卡，10年后，在与默多克结束了长达31年的第二次婚姻后的第17天，邓文迪成了新闻集团的皇后。默多克和他的传媒帝国，是全球化进程中最直接和有力的推手之一。而这个华裔女人的出现，却好像带着宿命般的必然。默多克一直钟情于中国市场，邓文迪流畅的中英双语交流能力，使其名正言顺地担当新闻集团下一步对中国乃至亚洲市场的攻略图谋。无独有偶，2007年两位将参加波兰总统大选的候选人的一个共同点是都娶了中国妻子。有人说："她们是新时代离家千里和亲的王昭君。"

在中国的外籍留学生里，韩国人居多。观察家认为，汉语将取代英语成为韩国学习人数最多的外语。而在日本大学里，70%的学生选修汉语作为自己的第二外语，汉语几乎成了他们谋求一份好工作的敲门砖，这与英语之于中国大学生的地位简直类似。欧美国家学习汉语人数的增幅更是保持在每年40%左右。作为不以英语为母语的发达国家法国，英语、日语、西班牙语的学习人数年增长率是2%～4%，汉语则高达38%。目前，全球学习汉语的人数已经接近4000万人，是澳大利亚全国人口数量的两倍以上。尽管老外们眼中图腾般的汉语文字，在他们嘴里手中闹着无数笑话，不可否认的是，汉语已经开始走出被英语侵蚀的阴影，以更加主动的姿态，融入全球化的时代中。

一位中国台湾学者曾经讲过一个更极端的例子。加拿大某大学的中国留学生在国内论坛上发帖子："到了这儿英语水平直线下降，粤语和山东话水平直线上升！在多伦多的华人区里，同学是中国人，室友是中国人，的士司机是中国人，电视主持是中国人，餐厅服务员是中国人，超市小老板是中国人，女友是中国人，前女友也是中国人，甚至大学教授也是中国人！看看四下里大多是中国面孔，教授咳嗽两声清清嗓子，冒出一句山东话："我就用中文讲吧……"

在纽约，中国餐馆近6000家之多。老外去中国餐馆，吃的不仅是中式饭菜，还喜欢中国人吃饭时热热闹闹甚至吵吵闹闹的气氛。中餐跟讲究礼仪规范绝不允许喧哗喊叫的西餐不同，讲究吃饭时的互动和沟通，人与人之间的羞涩和芥蒂，都在饭桌上、觥筹间，一一消散。1972年毛泽东在会见美国总统尼克松时说，中国对全人类有两大贡献：一是针灸，另一是饮食。美国有杂志曾做过一次民意调查，哪个国家的菜最好吃？结果

90%的投票者选择中国菜。

中国决心要在全球100个地方开办孔子学院。自2004年11月在韩国开办第一家以来，截至2007年7月全世界已有26所孔子学院。孔子学院不光是语言学校，还传授地道的太极拳、少林功夫、水墨留白，让不同文化的人都乐在其中。

2004年开始，中国文化年开始了全球巡回。“中国红”飘在巴黎上空之后，“中国龙”也腾飞到意大利，而中国内地人熟悉的《同一首歌》不再以内地舞台为方向，转向了到加拿大、澳大利亚、美国，去唤起那些曾经的回忆，唱响同一首歌。

从1978年开始的劳务输出，到代工输出，到产品输出，到资本输出，再到文化输出，中国用融合的理念，不断地融入这个全球的大环境。当中国学者还在争议“对待章子怡是否要像对待孔子一样”的问题的时候，姚明和刘翔已经成为又一类“中国名片”，他们已经是全球化的象征。

勤奋的习惯

李嘉诚在总结自己成功的九大因素时，认为第一个因素就是：“勤奋是一切事业的基础，要勤奋工作，对企业负责，对股东负责。”香港人喜欢把李嘉诚称为“超人”，他统领的“和黄”集团2005年被美国《财富》杂志封为“全球最赚钱企业”，而美国《商业周刊》2006年则把李嘉诚誉为“全球最佳企业家”。李嘉诚的成功秘诀，无疑是许多人都想知道的。李嘉诚曾经和香港中文大学“行政人员工商管理硕士课程”的学生进行过长达一个半小时的交流，从为人处世到家庭生活，从管理作风到领导才能，有问必答、言无不尽地公开了他的成功秘诀。

有学生问，要成为领袖，必须要有眼光、有理想、勤奋和有奋斗精神。除此之外，怎样才能做得比别人好？

李嘉诚回答说：“要成为领袖，你提到的基本素质一定要有。要清楚，无论从事什么行业，都要比竞争对手做得好一点。就像奥运赛跑一样，只要快 1/10 秒就会赢。”他以自己的经历为例，接着说：“我年轻打工时，一般人每天工作 8～9 个小时，而我每天工作 16 个小时。除了对企业有好处外，我个人得益更大，这样就可以比别人赢少许。面对香港今天如此激烈的竞争，这更加重要。只要肯努力一点，就可以赢多一点。”

李嘉诚说，他没满 20 岁就要担负家庭，“一心想向上，每到晚上便想着明天的事情”。他提到，在 20 世纪 40 年代，他“年纪很小就出来工作，17 岁时做一个批发商的营业员，18 岁做经理，19 岁为总经理，22 岁创业”。他鼓励在座的学生：“只要自身条件优越，有充足准备，在今天的知识型社会里，年轻人更容易突围而出，创造自己的事业。”李嘉诚的勤奋可以说是华人的一个缩影。

有华人的地方就有唐人街。唐人街与当地其他地方不同的神奇景象不在于熟悉的乡音，也不在于满眼的方块字招贴，而在于早起晚睡的生活场景。闻鸡起舞的故事或许是有点老套了，但中国人在外国人心目中的形象基本上就是这样。外国人爱说“中国人那儿准还开着门”，因为中国人总是能默默守候在柜台后面等待想象中的下一个顾客。过了下午 6 点还营业的、周末无休的，甚至 24 小时营业的，不是印度人，就是中国人。

和的心态

“和为贵”语出《论语·学而》，是孔子晚年的学生有子说的，原话是：“礼之用，和为贵，先王之道，斯为美；小大由之，有所不行，知和而知，不以礼节之，亦不可行也。”朱熹在《论语集注》中注曰：“礼者，天理之节文，人事之仪则也。和者，从容不迫之意，盖礼之体虽严，而皆出于自然之理，故其为用，必从容不迫，乃可为贵。”刘荣升教授引用清代光绪庚子年由“京都文和堂”重刊的《增补二论典故最豁集》的解释：“和，是自然。贵，作尚字看。”“礼之体虽严，而其发用，以自然和顺为贵。”这里显然是沿袭了朱熹的说法。由是观之，完整意义上的“和为贵”，至少有两个方面的重要内容，即“自然和顺”与“从容不迫”。

古人喜欢讲天道，或称天之道。何为天之道？最大的天道就是自然。孔子曰：“天何言哉，四时行焉，百物生焉。”四时之行，百物之生，都按一定的时序进行，这就是最基本的自然规律。而规律是一切事情的基础，是“人事之仪则”，是不可抗拒的。老子也说：“人法地，地法天，天法道，道法自然。”这是说，自然是比道和天更高之物。所以，人们做事一定要顺应自然、适应自然、表达自然、印证自然，这是一个最基本的客观规律。世上的事理无一不出于自然，本于自然。

循自然之理，当然要从容不迫。从容不迫是一种人生态度，也是做人应有的一种气度。深受中国和文化熏陶的中国人，在心态上具有了这种态度，这样的生活态度正是全球环境下所必需的素质。

企业成长的基石是理念和习惯，文化重构其根源，企业一方面需要在全球视野下确立新的思维方式，另一方面需要在传统文化基础上进行选择和扬弃。只有适合发展和适应变化的文化，才能推动企业成长。我们将这个新文化称为“和”文化，即求和的心态、融合世界的价值取向以及全球理念。

结　语
我们面临一个令人兴奋的时代

当我写到最后一部分的时候，一幅画面渐次展开：远方，没有过去的阴影，也没有对将来的迷茫，有的只是广阔的未来。

21 世纪的社会寻找由个性化、自由及责任感组成的新混合体，无论是自然界还是经济领域，在变化过程中，处处显现出更多的生机。然而这个进化的过程，“从单细胞生物，然后到哺乳动物，最后到人类的灵魂、繁荣的市场、生动的文化、人类集体社会，都成功地过渡到新时代中”。

因此，成功的现代化并不意味着把所有的习惯都抛弃，而是社会要学习将更高的速度、信息传递以及生产力转移到新的机构、价值、生活方式和思维方式中去。我们需要学习培养进步的力量。过去 30 年我们是这样做的，今后 30 年我们更有基础这样去做。

一方面，我曾经这样认为，我们有理由在理性心态下保持乐观态度，原因有三：

（1）有三种事物对国际化影响巨大，又可以跨越文化、语言的屏障，那就是网络、技术标准和社会基本价值观。这样我们就有了一个与以往完全不同的平台，这个平台不会受到我们比较劣势的局限，企业可以借助它实现跨越。

（2）今天比以往任何时候都更强调合作与分工，企业间是竞合关系。中国的传统文化中对于人和人之间的竞争、合作有较深的造诣，讲究

“协作”“合纵连横”“内敛开放”。竞合环境，恰恰是我们比较熟悉和擅长的。

（3）我们拥有良好的背景——中国的实力和影响力在持续攀升，作为一个巨大的经济体，它吞吐要素的能力越来越强。每个国家都要和中国平等对话，与中国做生意，都希望进入到中国这个快车轨道上来。

另一方面，今天我们有能力来改变一切，这个能力的获得来源于我们迅速融入这个新生的知识世界当中。在融入的过程中，我们拥有了令人吃惊的吸收能力。中国企业也因不断融入，不断为自己创造出发展的机会，同时还获得了包括共同解决问题能力在内的、未来力求获得知识资源的企业所必须具备的能力。

当然，仅有这样两个条件还不足够，更乐观的是全球变化和人类的进步。当我们用全新的眼光观察世界的时候，发现在与人类生活息息相关的社会各个领域中都展示出全新图景。在技术的推动下，更多的不可想象的概念变成了现实，人们以更加饱满的热情和自然界融合在一起，和世界的成长融合在一起，而我们正是这个世界中的一部分。

约 400 年前，弗兰西斯·培根在《伟大的复兴》一书的序中，曾经这样谈到书中描述的对象，他“希望人们不要把它看作一种意见，而要看作是一项事业，并相信我们在这里所做的不是为了某一宗派或理论奠定基础，而是为人类的福祉和尊严……”我也怀着真挚的感情，把这段话献给所有在 30 年中努力成长的中国企业，献给所有回顾 30 年中国企业成长历程的同仁，献给所有对中国未来给予期盼的朋友。

致　　谢

我首先要特别感谢的是海然，和她沟通我的想法的时候，她给了我极好的启发，我总是可以得到她智慧的贡献；《21世纪经济报道》的晨霞更是我要深深感谢的人，她同样给出了独特的意见；感谢与《销售与市场》的张环副主编的每次交流，更加感谢《新智囊》的傅强总经理和冯宗智主编对于“未来管理”的畅想，给了我非常好的视角。同时，我也很感谢在这期间华章公司的阅读顾问寄来了机械工业出版社出版的很多具有启迪性的书籍，让我得以拓展自己的视野，寻找到本书的写作路径。我的学生袁晓婷和马俊旭为收集文献和企业资料付出了很多努力，在此一并表示谢意。

参考文献

[1] 彼得·德鲁克. 创新与企业家精神 [M]. 蔡文燕，译. 北京：机械工业出版社，2007.

[2] 彼得·德鲁克. 动荡时代的管理 [M]. 姜文波，译. 北京：机械工业出版社，2006.

[3] 彼得·德鲁克. 21 世纪的管理挑战 [M]. 朱雁斌，译. 北京：机械工业出版社，2006.

[4] 彼得·德鲁克. 新社会 [M]. 石晓军，译. 北京：机械工业出版社，2006.

[5] 布凌格. 未来世界的 100 种变化 [M]. 王河新，译. 北京：科学出版社，2005.

[6] 布卢姆斯伯里出版公司. 他们改变了商业 [M]. 王峰，译. 北京：中信出版社，2005.

[7] 查尔斯·德伯. 人高于利润 [M]. 钟和，等译. 北京：中信出版社，2004.

[8] 陈春花. 超越竞争：微利时代的经营模式 [M]. 北京：机械工业出版社，2007.

[9] 陈春花. 领先之道 [M]. 北京：中信出版社，2004.

[10] 德鲁克基金会. 未来的社区 [M]. 魏青江，译. 北京：中国人民大学出版社，2006.

[11] 弗朗西斯·福山. 信任：社会美德与创造经济繁荣 [M]. 彭志华，译. 海口：海南出版社，2001.

[12] 福斯特. 现代的挑战 [M]. 李向东，译. 广州：花城出版社，1991.

[13] 吉姆·柯林斯. 从优秀到卓越 [M]. 俞利军，译. 北京：中信出版社，2002.

[14] 杰弗里·摩尔. 公司进化论——伟大的企业如何持续创新 [M]. 陈劲，译. 北京：机械工业出版社，2007.

[15] 杰弗里·舒曼，贾尼丝·通布利，戴维·罗滕贝格. 协同共赢 [M]. 陈景琏，译. 北京：机械工业出版社，2004.

[16] 杰克·斯塔克，鲍·伯林厄姆. 伟大的商业文化 [M]. 赵学凯，等译. 沈阳：

辽宁教育出版社，2004.

[17] 杰克·韦尔奇. 杰克·韦尔奇自传 [M]. 曹彦博，等译. 北京：中信出版社，2001.

[18] 克莱顿 M 克里斯坦森，迈克尔 E 雷纳. 困境与出路 [M]. 容冰，译. 北京：中信出版社，2004.

[19] 孔翰宁，张维迎，奥赫贝. 2010 商业模式 [M]. 北京：机械工业出版社，2007.

[20] 拉里·多尼斯，昆卡·穆伊. 打造顶尖企业的 12 项原则 [M]. 劳帼龄，译. 北京：机械工业出版社，2002.

[21] 拉姆·查兰，诺埃尔 M 提切. 持续增长 [M]. 鲁刚伟，译. 北京：中国社会科学出版社，2005.

[22] 兰德尔·罗腾伯格. 全球顶尖公司转型实践 [M]. 博恩艾伦咨询公司，译. 上海：上海远东出版社，2007.

[23] 劳伦斯·莱斯格. 思想的未来 [M]. 李旭，译. 北京：中信出版社，2004.

[24] 理查德·弥尼特. 市场份额的神话 [M]. 徐芳，译. 北京：北京师范大学出版社，2006.

[25] 理查德 W 布坎南. 顾客关怀：清除市场营销中的障碍 [M]. 吴溪，译. 北京：机械工业出版社，2003.

[26] 鲁迪·拉各斯，丹·霍尔特休斯. 知识优势：新经济时代市场制胜之道 [M]. 吕巍，吴韵华，蒋安奕，译. 北京：机械工业出版社，2002.

[27] 马蒂亚斯·霍尔茨. 预言大未来：21 世纪世界八大领域发展趋势预测 [M]. 陈婕，译. 北京：中国海关出版社，2005.

[28] 马克斯·韦伯. 文明的历史脚步——韦伯文集 [M]. 黄宪起，张晓琳，译. 上海：上海三联书店，1988.

[29] 迈克尔·贝里达尔. 沃尔玛策略 [M]. 曾琳，译. 北京：机械工业出版社，2006.

[30] 乔纳森·蒂施，卡尔·韦伯. 团队的力量 [M]. 吴娟，译. 北京：北京师范大学出版社，2006.

[31] 施振荣. 宏碁的世纪变革 [M]. 北京：中信出版社，2005.

[32] 汤姆·布朗，司徒尔特·柯莱诺，戴斯·迪勒夫，等. 对话世界顶级管理思想家 [M]. 魏青江，方海萍，译. 北京：机械工业出版社，2004.

[33] 托马斯·弗里德曼. 世界是平的：“凌志汽车”和“橄榄树”的视角 [M]. 赵

绍棣，黄其祥，译. 北京：东方出版社，2006.

[34] W 钱·金，勒妮·莫博涅. 蓝海战略 [M]. 吉宓，译. 北京：商务印书馆，2005.

[35] 威廉·大内. Z 理论 [M]. 朱雁斌，译. 北京：机械工业出版社，2007.

[36] 吴霁虹·桑德森. 下一步：中国企业的全球化路径 [M]. 北京：中信出版社，2006.

[37] 辛西娅·克罗森. 财富千年 [M]. 赵恒，译. 北京：中信出版社，2004.

[38] 亚德里安·斯莱沃斯基，理查德·怀斯. 微利时代的成长 [M]. 孙燕军，译. 北京：北京师范大学出版社，2006.

[39] 杨小凯. 杨小凯谈经济 [M]. 北京：中国社会科学出版社，2004.

[40] 詹姆斯·麦格拉斯，弗里茨·克勒格尔，迈克尔·特雷姆，等. 金色的轨迹：企业增值捷径 [M]. 孟凡辰，孙健，译. 北京：机械工业出版社，2001.

春暖花开系列

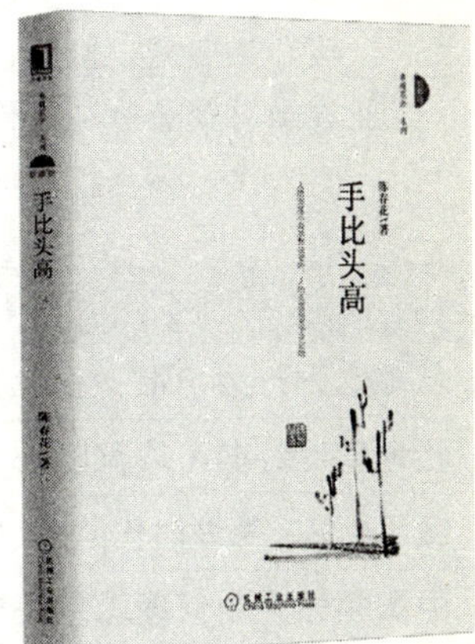

书名	ISBN	定价
让心淡然（珍藏版）	978-7-111-54744-0	59.00
在苍茫中点灯（珍藏版）	978-7-111-54712-9	39.00
手比头高（珍藏版）	978-7-111-54697-9	39.00
让心安住（珍藏版）	978-7-111-54672-6	49.00
高效能青年人的七项修炼	978-7-111-54566-8	39.00
大学的意义	978-7-111-54020-5	39.00
掬水月在手	978-7-111-54760-0	39.00

陈春花管理经典

关于中国企业成长的学问

企业如何为顾客创造价值，实现可持续的增长。好的企业不是规模有多大，能挣多少钱，而是能不能可继续增长，能不能贡献顾客价值。

核心关键词：价值、增长、成长，对顾客来说是价值，对企业来说是增长，对企业成员、企业家和合作伙伴来说是成长。

书名	ISBN	定价
从理念到行为习惯：企业文化管理（珍藏版）	978-7-111-54713-6	49.00
我读管理经典（珍藏版）	978-7-111-54659-7	45.00
激活个体：互联时代的组织管理新范式（珍藏版）	978-7-111-54570-5	49.00
中国领先企业管理思想研究（珍藏版）	978-7-111-54567-5	59.00
企业文化塑造	978-7-111-54800-3	45.00
冬天的作为：企业如何逆境增长（修订版）	978-7-111-54765-5	45.00
成为价值型企业	978-7-111-54777-8	45.00
回归营销基本层面	978-7-111-	45.00
领先之道（修订版）	978-7-111-	59.00
争夺价值链	978-7-111-	45.00
经营的本质（修订版）	978-7-111-	49.00
管理的常识：让管理发挥绩效的8个基本概念（修订版）	978-7-111-	45.00
高成长企业组织与文化创新	978-7-111-	45.00
中国管理问题10大解析	978-7-111-	49.00
超越竞争：微利时代的经营模式（修订版）	978-7-111-	45.00
经济发展与价值选择	978-7-111-	45.00